Stephan Wackwitz

Osterweiterung

Zwölf Reisen

S. Fischer

© S. Fischer Verlag GmbH,
Frankfurt am Main 2008
Satz: ottomedien, Darmstadt
Druck und Bindung: GGP Media GmbH, Pößneck
Printed in Germany
ISBN 978-3-10-091057-8

Für Katarzyna Skupny

Inhalt

Das Loch in der Welt hinter Wien

Noch heute, unterwegs auf der österreichischen A4 von Westen nach Budapest, versehen mit allem, was längere Autotouren bequem und kurzweilig macht, kann man vor der ungarischen Grenze, auf der Höhe der Ausfahrten Fischamend, Bruck oder Parndorf, eine beunruhigende Reiseerfahrung machen. Es ist, als verschwinde dort etwas aus der Landschaft, das einen auf dem Weg nach Osten bisher ununterbrochen begleitet hat. Es war enthalten im Blick auf die Hügel der Wachau hinter Amstetten. Es war sichtbar in den dramatischen Perspektiven des Wienerwalds, von dessen letzter Höhe aus man die Metropole ganz vor sich liegen sah. Und auch die weite Stadtebene selbst, über der Flugzeuge fliegen und der Rauch aus Fabrikschornsteinen verweht, ist noch ganz erfüllt gewesen von dem, was einem dann zwischen Fischamend und Parndorf verloren gehen wird – die vertraute Hintergrundstrahlung der Welt. Aber nachdem man aufatmend auf den schultafelgroßen, hellgrün und weiß beschrifteten österreichischen Autobahnschildern Kilometerangaben für Bratislava und Budapest gelesen und den Flughafen Schwechat passiert hat, lehnt man sich hinter dem Steuer zurück, schiebt eine neue CD in den automatischen Wechsler und beginnt sich auf eine neue, jetzt wieder einige hundert Kilometer lang nicht mehr durch Richtungswechsel und die Suche nach der richtigen Abzweigung unterbrochene Reiseetappe einzurichten.

Und plötzlich verschwindet ein Gefühl des Bewohnt- und Durchgearbeitetseins aus der Landschaft, von dem man nicht gewusst hat, dass es einem überhaupt abhanden kommen könnte. Jede und jeder wird dieses Gefühl anders empfinden. Metternich, der die Menschen verachtete, hat im frühen 19. Jahrhundert gesagt, östlich des Wiener Rennwegs beginne »der Balkan« (nichts Gutes). Theodor W. Adorno, der 1967, zwei Jahre vor seinem Tod, von Wien aus in die östlichen Donauauen hinausfuhr, hat die große und rätselhafte »Einsamkeit am Strom« beschrieben, »nur wenige Kilometer von Wien. Von Landschaft und Flora, hier schon östlich, hält ein pußtahafter Bann die Menschen fern, als wollte der ins Unendliche offene Raum nicht gestört werden.« Mich überkommt die Einsamkeit jedes Mal am intensivsten in der Gegend hinter Parndorf, im Vorbeifahren an Ausfahrten, die schon die Städte und Dörfer um den Neusiedler See ankündigen. Die kirchturmhohen weißen Windräder, die sich im Mittelgrund bis weit in der Entfernung drehen, verweisen plötzlich auf keinen ökologischen oder wirtschaftlichen Zweck, auf überhaupt nichts Menschliches mehr. Trockenes Gras weht auf den Kuppen der Hügel im Vordergrund, in einem unaufhörlichen Wind. Und es wird einem plötzlich bewusst, dass dieses unausgesetzte Wehen aus Steppen kommt, die sich von hier aus bis zum Schwarzen Meer erstrecken und jenseits der Karpaten weiter durch Sibirien bis zum Pazifik. Man sieht keine Bäume mehr. Im Herbst kann man langgezogene Formationen von Gänsen am Himmel beobachten, bei denen man sich fragt, wohin sie mit ihren langsamen, ganz synchronen Flügelschlägen ziehen. Wenn man nicht im Auto säße, könnte man ihr unaufhörliches, aufgeregtes, weit entferntes Schreien hören. (Neulich auf dem Fahrrad in der einbrechenden Herbstnacht; über mir plötzlich Hunderttausende schreiender Schatten, an unsichtbaren Instinktlinien aufgereiht.)

Ich habe lange darüber nachgedacht, womit man den Wechsel der Anmutung vergleichen kann, der einen aus dieser plötzlichen Leere und Vereinsamung anfliegt. Vielleicht könnte man sagen, dass die Welt hier noch dem Geborgensten und Vergnügtesten im Vorbeifahren einen Moment lang so erscheint wie einem, den eine Frau verlassen hat. Es ist alles noch da: der Wind, der Himmel, das Land, der Becher mit dampfendem Tee neben dem Laptop auf dem hölzernen Schreibtisch am Morgen. Und trotzdem sieht nichts mehr aus wie noch vor ein paar Tagen. Ein Urvertrauen ist aus der Landschaft gewichen. Etwas anderes ist plötzlich in sie eingeströmt (die Atmosphäre eines unbewohnten Sterns).

Es ist dann bei näherer Bekanntschaft mit diesem Landstrich freilich nicht so, dass man sich hier nicht angeregt oder aufgehoben fühlen könnte. Im Gegenteil. An einem windigen Herbstnachmittag des Jahres 2005 bin ich in den vollkommen menschenleeren Park um das Schloss Halbturn gekommen. Ein wenig abseits des Neusiedler Sees lag es unter der kalten Sonne in der leeren Landschaft, umgeben von seinen Alleen, Hecken, Terrassen, Brunnen, Rabatten, Steinbänken, Auffahrten, Kapellen, Weingärten und Gewächshäusern, rätselhaft und verrückt. Von den Zweigen alter und hoher Bäume rieselten gelbe Blätter herab und verwehten. Im Licht des frühen Nachmittags war es, als gäbe es hier, vielleicht schon seit langer Zeit, keine Menschen mehr. »No live organism can continue for long to exist sanely under conditions of absolute reality.« So beginnt der Spukroman »The Haunting of Hill House« von Shirley Jackson, einem Buch, dessen literarischer Wert fast ausschließlich in seinem Eröffnungsabschnitt besteht. Der allerdings ist in seiner ganz leise und gespenstisch ins Sinnlose abgleitenden Verwirrtheit unvergleichlich. Hier im Schlosspark von Halbturn ist er mir nach vielen Jahren wieder in den Sinn gekommen. »Even larks and katydils are supposed, by some, to dream. Hill House, not sane, stood by itself against its hills, holding darkness within; it had stood so for eighty years and might stand for eighty more. Within, walls continued upright, bricks met neatly, floors were firm, and doors were sensibly shut; silence lay steadily against the wood and stone of Hill House, and whatever walked there, walked alone.«

Es kam mir dann, beim Spazierengehen im Halbturner Schlosspark, vor, als hätte ich hier nicht ein wirkliches Schloss und einen real existierenden Park entdeckt, sondern eigentlich eher meine Erinnerung an dieses Zitat aus dem (im Fortgang wirklich enttäuschenden) Roman Shirley Jacksons. Ich muss es vor sehr langer Zeit gelesen haben (ich glaube: als Motto eines Kapitels in Stephen Kings Vampirroman »Salem's Lot«). Im Herbst 2005 habe ich den Abschnitt gleich im Anschluss an meinen Spaziergang nachgeschlagen und einzelne Sätze daraus dann einen Abend lang immer wieder vor mich hingesagt. Vorerst aber zeigten sich Mauern, Gitterzäune, Grasflächen und Baumreihen, die sich unmerklich – und je weiter weg vom Schloss ich kam – immer mehr ins Ungepflegte und Ungeheure verschoben. Es gab dann bald schon keinen Rasen mehr; stattdessen wehten die trockenen Grashalme einer ausgedehnten Wiese, vor der ich wohl zehn Minuten stehenblieb, verloren in meinen Gedanken, umgeben von beständigem Sausen. Wenig später öffnete sich eine Allee kilometerlang ins vollkommen offene und leere, von schnellen Wolken überflogene Land. Ich ging in der Doppelreihe großer Linden dahin, als sähe ich mich selbst, eine kleine Gestalt, vielleicht eine Romanfigur, von weit oben. So ungeheuer war die Leere und Weite der, wie mir schien, nur oberflächlich (erst seit ein paar Jahrhunderten) in Äcker und Felder verwandelten Steppe.

Auch hier kein Mensch; auf der asphaltierten Straße, die ich unweit einer barocken Kapelle (des heiligen Nepomuks?) erreichte, fuhr viertelstundenlang niemand, und sowohl die Ausstellung über »Macht und Liebe. Kaiserinnen-Königinnen-Kurtisanen-Konkubinen«, auf die es mir mit meinem Besuch eigentlich angekommen war, wie das Schlossrestaurant, auf das ich dann wenigstens gerechnet hatte, waren längst geschlossen. Es war das Ende der Saison; und zugleich kam es mir vor, als sei die Saison hier seit Jahrhunderten zu Ende und als fielen Schloss und Land nach jeder, eigentlich immer nur zufälligen und schnell vorbeigehenden Belebung, in eine reine, von nichts und niemandem mehr beobachtete, langsam verfallende und verwildernde Faktizität zurück, »walls continued upright, bricks met neatly, floors were firm, and doors were sensibly shut; silence lay steadily against the wood and stone of Hill House, and whatever walked there, walked alone«.

Unterm Weitergrübeln könnte man darauf kommen, dass die zugleich deprimierende und poetische Härte und Kompaktheit, das (wie einem dann vorkommt) seelisch und historisch wenig Durchgearbeitete dieser Landschaft daher rühren könnte, dass man sie nicht pflegt und sich zu wenig um sie kümmert. Aber man muss vom Schloss Halbturn nur ein paar Kilometer nach Westen ans Ostufer des Neusiedler Sees fahren, um sich davon zu überzeugen, dass die ganze Landschaft dort (übrigens unter dem Patronat der UNESCO) in einen geradezu übertrieben geschonten, erforschten und in seiner historisch gewachsenen Gestalt konservierten Garten verwandelt worden ist. Der Neusiedler See, das erfährt man auf Schaubildern und Lesetexten, die am Rand der klug angelegten Spazier-, Radfahr- und Landwirtschaftswege überall aufgestellt sind, ist ein so genannter Steppensee. Wie ja überhaupt die ungarische Puszta, deren nördlichen Rand man bei Parndorf betritt, eine durch die Karpaten abgetrennte Exklave der Steppe oder Prärie ist, die das Innere Asiens bedeckt und das eigentliche geographische Wesen dieses über alle Vorstellung riesenhaften, nur an seinen Rändern von Menschen kultivierten Kontinents darstellt. Steppenseen sind so etwas wie überdimensionierte Pfützen. Sie haben keine ausreichenden Zuflüsse und trocknen, wenn zu wenig Regen fällt, innerhalb weniger Jahrzehnte aus. Ab 2010, sagen die Geologen voraus, wird dieser Austrocknungsprozess hier wieder einsetzen und (wie seit dem Mittelalter schon mehrmals) zur völligen Verlandung führen.

Heute schon bekommt man den See, wenn man die Uferwege entlang wandert, eigentlich nie zu Gesicht. Eine kilometerbreite unzugängliche Ufer-, Schilf- und Verlandungszone trennt einen von der schrumpfenden Wasserfläche, ein amphibischer Übergangsbereich, in dem, wie man auf jenen Tafeln erfährt, seltene Schlangen, Vögel, Insekten und Frösche leben. Sichtbar sind nur die dicht und hellbraun im Wind bewegten Schilfwälder, davor Wiesen, auf denen Herden halbwilder Pferde weiden. Hecken aus alten Dorngewächsen schließen zur Straße hin ab. Bergsilhouetten sind in der Entfernung sichtbar; der ungeheure graue Himmel über allem. Jenseits der Uferwege, fast unmittelbar anschließend und nur durch verstreute Obstbäume unterbrochen, beginnen die Weingärten, Haupterwerbsquelle des bis weit ins Ungarische hineinreichenden Ostufers. Die alten, dick und verknarzt ausgewachsenen Rebstöcke stehen auf breiten Furchen im sorgfältig aufgeschichteten sandigen und grauen Boden, und man hat das Gefühl, hier sei auf keinem Quadratmeter etwas dem Zufall überlassen oder etwas gegen die natürlichen Verläufe der Landschaft, des Wetters, gegen die Regeln des Handwerks und des guten Geschmacks unternommen worden.

Nach einem Winterspaziergang durchgefroren, sieht man dann in Podersdorf direkt an der hier einmal hervortretenden und dann natürlich sofort als Strandbad gehegten und umsorgten Wasserfläche über einem Rotwein oder Apfelstrudel dem Sonnenuntergang zu. Es ist tief im Dezember. Vorhin hat man zuschauen können, wie die schon fast schwarzgefrorenen Trauben für den Eiswein geerntet worden sind, im letzten Moment, bevor sie abfallen und vollends verfaulen würden. Man denkt darüber nach, wie lang es gebraucht hat, bis diese handwerkliche Raffinesse erfunden und so weit erprobt worden ist, dass sich der Eiswein vom Ostufer des Neusiedler Sees seinen noch aus dem 19. Jahrhundert herstammenden Weltruf erworben hatte. »Kulturlandschaft« murmelt man dann vielleicht, ein bisschen ergriffen und eingeschüchtert, unwillkürlich vor sich hin. Und muss sich gleichzeitig eingestehen, dass jenes urtümliche Fremdheitsgefühl, das man seit Parndorf mit sich herumgeschleppt hat, so stark über der umsorgten Landschaft liegt wie im Halbturner Schlosspark oder in den Straßendörfern aus geduckten Gehöften, von denen man nur die Stirnseiten sieht und die man schon zu kennen glaubt aus Kulturfilmen der fünfziger Jahre über Ungarn oder Rumänien.

Der »pußtahafte Bann«, den Adorno beschrieben hat und von dem man sich auch in der Geborgenheit eines Podersdorfer Strandbadcafés nicht freimachen kann, ist die alte, nie ganz versiegte Angst vor den Reitervölkern, die aus dem »unmarked space« der eurasischen Steppe (deren äußersten Rand man nun erreicht hat) seit dem dritten Jahrhundert hier auf die Grenzen der Alten Welt gestoßen sind. Im einunddreißigsten Buch seiner »Rerum gestarum« beginnt der römische Historiker Ammianus Marcellinus die Beschreibung dieser apokalyptischen Scharen mit einer noch durch reale Kenntnis und gelegentliche Bekanntschaft im Kampfgeschehen informierten Beschreibung der Hunnen. Deren Heerlager, das sich aus einer Ansammlung von Jurten und Zelten langsam in eine Hauptstadt verwandelte, lag später, unter Attila, zwei Tagesritte von hier zwischen Donau und Theiß. Die Hunnen, über die Ammianus einiges wusste, zeigen sich in seiner Schilderung als haarige, untersetzte, mit ihren Pferden verwachsene Gnome von dämonischer Hässlichkeit, teuflischer Grausamkeit und vollkommener Unverständlichkeit. Im Fortgang aber spinnt sich seine Beschreibung der Steppenvölker in einen immer fantastischeren und schließlich sich ganz in mythologischen und dämonologischen Albträumen verlierenden Schauerroman hinein weiter. Die zum Teil wirklichen, zum Teil nur noch geträumten Geschöpfe der »ins Unendliche sich verlierenden Einsamkeiten« – die Bewohner der Steppe, die hier am Ostufer des Neusiedler Sees beginnt – phosphoreszieren, je weiter Ammianus' Bericht nach Osten vordringt, in immer abscheulicheren Farben.

»Unter diesen Völkerscharen bewohnen die Nervier das Innere des Lands nah der einsam ragenden Gipfel, an denen der Nordwind zerrt und die durch Schnee und Eis betäubt sind. Hinter diesen leben die Vidinen und die Gelonen, außergewöhnlich wilde Völker, die ihren erschlagenen Feinden die Haut abziehen, um Kleider für sich und Decken für ihre Pferde daraus zu machen. An der Grenze zu den Gelonen siedeln die Agathyrsen, die ihre Haut mit Karos tätowieren und ihre Haare blau färben (die Gemeinen mit ein paar blauen Flecken, die Adligen mit größeren und zahlreicheren). Jenseits derer gibt es die immer schwarzgekleideten Melanchlenae und die Anthropophagen, die nomadisch im Land umherschweifen und sich von Menschenfleisch ernähren; und dieser unaussprechlichen Ernährungsweise wegen leben sie ganz allein und all ihre früheren Nachbarn sind in andere Weltgegenden gezogen. Und so ist der ganze nordöstliche Teil der Welt, bis man zum Fluss Seres kommt, unbewohnbar geblieben. In anderen Teilen des Lands, den Wohnstätten der Amazonen benachbart, orientieren sich die Halanen ostwärts, gegliedert in volkreiche und ausgedehnte Nationen; die reichen bis Asien und erstrecken sich, wie ich gehört habe, bis zum Ganges, der die indischen Gebiete durchfließt und in den südlichen Ozean mündet.«

Und nach den Hunnen brachen, wenn schon Gott sei Dank nicht die Amazonen und die Anthropophagen, dafür die doch nicht weniger grauenerregenden (und zudem wirklich existierenden) Goten und Gepiden oder die entsetzlichen, mit den heutigen Osseten verwandten Alanen über die Grenzregionen des Reichs herein, Völker, deren ungeschlacht ornamentierte Goldschätze man im Kunsthistorischen Museum in Wien nicht ohne geheimes Grauen betrachtet. Alle stießen in der Gegend des Neusiedler Sees aus der eurasischen Steppe in die bewohnte, bekannte und beschriebene Welt vor. Worauf (wiederum Ammianus Marcellinus, diesmal über einen Einfall der Goten in Thrakien) »schrecklich anzusehende und zu beschreibende Szenen zu sehen und zu beklagen« waren. »Frauen, die vor krachenden Peitschen flohen, gelähmt vor Angst, beladen von ihrer Schwangerschaft mit noch ungeborenen Kindern, die schon bevor sie in die Welt kamen, viel Grauen auszustehen hatten; auch klammerten sich Babys an ihre Mütter. Dann waren die Klagen hochgeborener Jungen und Mädchen zu hören, die Hände zusammengebunden in grausamer Gefangenschaft. Hinter ihnen führte man zuletzt die schon mannbaren Töchter und sittsame Ehefrauen davon, weinend und mit hängenden Köpfen, die sich nach einem wie immer grausamen Tod sehnten, um durch ihn ihrer bevorstehenden Vergewaltigung zu entgehen. Unter all diesen ging ein freigeborener Mann, der, kurz zuvor noch reich und unabhängig, jetzt vorwärtsgeschleift wurde wie ein wildes Tier und der dich, o Fortuna, anklagte als blind und gnadenlos, weil du ihn in einem kurzen Augenblick all seiner Besitztümer und der süßen Gemeinschaft mit seinen Liebsten beraubt hast; ihn von seinem Haus, das er zu Asche und Ruinen vergehen sah, triebst und ihn zum Opfer eines blutrünstigen Siegers gemacht hattest, um entweder Körperteil für Körperteil zerrissen zu werden oder unter Schlägen und Folter als Sklave zu dienen.«

Im Jahr 907 vernichteten ungarische Reiter das Großmährische Reich, auf das sich die Erinnerungspolitik
der heutigen Slowakei beruft. Auch die Ungarn gehörten, bevor sie sich zum Christentum bekehrten und
ein geachtetes Mitglied der europäischen Völkerfamilie
wurden, zu den innerasiatischen Gottesgeißeln, die aus
unerfindlichen Gründen und in unberechenbaren Abständen aus dem Innern des Kontinents hervorbrachen:
heulend, gellend, zähneknirschend, niederbrennend,
folternd und mordend. Erst 1683 sind die Türken, die
zuvor das Burgenland verheert hatten, von den Habs-
burgern, von deutschen Verbänden und von einem aus
Krakau herbeigeeilten polnischen Entsatzheer vor Wien
so entscheidend geschlagen worden, dass man vor ihrem
Vorstoß nach Europa endgültig keine Angst mehr haben
musste (obwohl diese Angst in unserem zeitgenössischen
politischen Denken und Fürchten noch spürbar ist).

Unterdessen hat, glaube ich, das Loch in der Welt hinter
Wien am Rand meines Lebenswegs schon lange bereitgelegen und auf mich gewartet. Vom Januar 1954 datiert
der Erwerbsvermerk meines Vaters in der Loeb Classi-
cal Library-Ausgabe der »Ammiani Marcellini rerum
gestarum libri qui supersunt«. Er hat sie mir zu Beginn
der neunziger Jahre einmal geschenkt, und sie gehört
seither zu den Büchern, die einmal wirklich gründlich
durchzuarbeiten ich mir vorgenommen habe. Als ich vor
Jahren einen der nicht viel mehr als handflächengroßen
safranroten Bände öffnete, fiel mir ein Fahrschein der
deutschen Bundespost (die zu dieser Zeit noch Busfern-
linien betrieb) entgegen, »gültig zwischen Tübingen –

Stuttgart oder umgekehrt«, im Wert von 2,50 DM. Mein Vater, als Student zwischen seinem Wohn- und seinem Studienort pendelnd, hat ihn damals, Ammianus Marcellinus lesend, benutzt. 1954 war ich zwei. Noch bevor wir, als ich sieben war, aus Stuttgart wegzogen, muss es gewesen sein, dass mir mein Vater mit einem Ernst, an den ich mich heute noch erinnere und der mir seither wie fast nichts anderes aus diesem Lebensalter im Gedächtnis geblieben ist, von den nomadischen Völkern der Steppe und dem Römischen Reich erzählt hat. Er zeigte mir die Inschrift »Made in Germany« auf meinem Taschenmesser, um mir das Fortleben der Germanen in der Gegenwart zu demonstrieren (worauf ich das »Made« der Inschrift dann fälschlicherweise immer auch mit den »Nomaden« in Verbindung brachte).

Seltsam und heute sehr auffällig erscheint es mir auch, dass der letzte Abschnitt jenes Textes von Adorno über »Wien, nach Ostern 1967« in dem Suhrkamp-Bändchen »Ohne Leitbild. Parva Aesthetica«, in dem es um eine Fahrt in die Donauauen, nach Fischamend und an die slowakische Grenze geht (»Von vielen Punkten sieht man die Feste Preßburg, an der die große Straße scharf vorbeibiegt gleich der vor Kafkas Schloß«) mir in den frühen siebziger Jahren schon fast obsessionsartig lieb war. »Dort, wo die Fischa in die Donau mündet, liegt Fischamend, mit einem berühmten Fischlokal, in dem man sich zu Hause fühlt wie nur am Ende der Welt«, lautet der Schluss des Abschnitts. Mir ist, als hätte ich schon beim ersten Lesen darüber nachgedacht, wie sehr ich dem strengen Philosophen zwei Jahre vor seinem Tod das Fischessen am Ende der Welt gegönnt habe, eine Entspannung von der Wichtigtuerei seiner ewigen Negativität und dem dauernden Aufspüren des Entsetzlichen noch im Harmlosesten. Einfach stattdessen mal Fischessen und sich zu Hause fühlen am Ende der Welt. Die geht ja sowieso bald unter (der Philosoph wird bald sterben). Die Barbaren stehen schon in den Toren.

Denn das ist zugleich das tief Tröstliche an einer Landschaft, der unser Unterbewusstes immer noch ansieht und abspürt, dass in ihr die große Steppe beginnt und dass seit Jahrhunderten die Reitervölker hier aufgetaucht sind. Nachdem wir keine Angst mehr vor den Hunnen zu haben brauchen, können wir die Erinnerung an sie genießen. Und ein Gefühl dafür, dass die Bindekräfte des Zentrums nachlassen, die strengen Forderungen, der unbedingte Komment in allen Gedanken und Angelegenheiten. Die Gesetze werden hier draußen laxer angewandt. Das ist auch eine Hoffnung. »Es wurde Abend und die Barbaren sind nicht gekommen«, heißt es in dem berühmten Gedicht von Konstantin Kavafis über das »Warten auf die Barbaren« (in unsere Erleichterung mischt sich so etwas wie Enttäuschung). »Einige kamen von der Grenze, / Die sagen, dass es die Barbaren nicht mehr gibt.« (Wir sind plötzlich ganz allein mit den Gesetzen, die wir selbst uns gegeben haben und die uns so oft überfordern.) »Und jetzt, was soll aus uns ohne Barbaren werden? / Diese Leute wären so etwas wie eine Lösung gewesen.«

Es ist eine in der seit den achtziger Jahren blühenden »Mitteleuropa«-Publizistik erstaunlich vernachlässigte

Einsicht, dass jene vielbeschworenen Länder und Gegenden die Randgebiete dreier untergegangener Großimperien sind: des russischen, des österreichisch-ungarischen und des preußischen. Das Herz Europas besteht aus aneinanderstoßenden Grenzgebieten der alten imperialen Welt vor 1914/18. Zu jedem Imperium gehört die Lustangst vor den Barbaren. »Alles, was in dieser Stadt an Sagen und Liedern entstanden« – so lässt Kafka seine Geschichte »Das Stadtwappen« enden, dessen Thema vordergründig der babylonische Turmbau ist (in Wirklichkeit aber, scheint es, die Zivilisation) – »ist erfüllt von der Sehnsucht nach einem prophezeiten Tag, an welchem die Stadt von einer Riesenfaust in fünf kurz aufeinanderfolgenden Schlägen zerschmettert werden wird. Deshalb hat auch die Stadt die Faust im Wappen.« Kafka, der als Untertan des Österreichisch-Ungarischen Kaiserhauses aufgewachsen ist, hat etwas gewusst und verstanden von der Steppe, die an der Grenze jedes Imperiums beginnt.

1999, über dreißig Jahre nach dem ersten Lesen von Adornos »Wien, nach Ostern 1967«, bin ich im Winter und unter denkbar einsamen Umständen an den Rand der Alten Welt geraten. Und je länger ich dort unterwegs war, habe ich in den Landschaften und Städten Mitteleuropas, in den Bekanntschaften, Arbeiten und Lektüren dieser Gegend das Loch in der Welt hinter Wien oft wieder zu erkennen geglaubt. Es zeigt sich hier als die Erfahrung, dass Dinge und Verhältnisse oft plötzlich und unerklärlich auseinander fallen. Dass das Zentrum sie nicht halten kann (dass es kein Zentrum gibt). Dass in diesem Vakuum eine Vorwelt spürbar ist und dass zugleich an überraschenden Stellen etwas Neues beginnt, wovon im Folgenden, so gut es von derlei eben möglich ist, erzählt werden soll.

Julia Warhola, geborene Zavacka, 1892–1972

Julia Zavacka, eine junge Bäuerin aus den Karpaten, die siebzig Jahre später (ohne ihr Zutun und eigentlich auch gegen ihren Willen) in der Kunst- und Schwulenszene New Yorks eine untergründige Rolle spielen sollte, kam am 17. November 1892 zur Welt. Ihre Mutter Josephina, so jedenfalls erzählte es Julia später in Amerika den Biographen ihres Sohnes, der als Andy Warhol berühmt wurde, hatte fünfzehn Kinder ausgetragen, von denen sechs starben, noch bevor Julia ein junges Mädchen war. Ihr Geburts- und Kindheitsort Mikova liegt heute im Osten der Slowakei, im Dreiländereck an den Grenzen zur Ukraine und zu Polen. 1892 war Mikova einer von vielen Tausend unbedeutender, seit dem 16. Jahrhundert so gut wie geschichts- und entwicklungsloser Flecken, in denen die bäuerlichen Untertanen der österreichisch-ungarischen Doppelmonarchie von der südpolnischen Tatra bis zur Adria, von Czernowitz bis Linz noch zu Beginn des 20. Jahrhunderts arbeiteten, fromm und abergläubisch waren, sich miteinander langweilten und besoffen, einander terrorisierten, heirateten und in Gottes Namen schließlich starben.

Die Zavacky waren Ruthenen. »Ruthenen (Russinen, Russniaken), kleinrussischer Volksstamm beiderseits der Karpaten«, informiert einen Meyers Konversationslexikon von 1927, »etwa 4 Mill. Köpfe, umfassen die Bojken, Lemken, Huzulen u. a., sind mittelgroß, kräftig, ausdauernd, pietätvoll, gegen Fremde verschlossen. Die R. sind Ackerbauern, im Gebirge Viehzüchter, Hirten, Holzfäller, Köhler, der größte Teil griechisch-uniert. Durch ihre Volkslieder geht ein schwermütiger Zug.« Die Bezeichnung »Ruthenen« ist heute weitgehend ausgestorben, weil es seit 1918 mit der Ukrainischen Sozialistischen Volksrepublik einen Staat gab, in dem die »Bojken, Lemken, Huzulen« nicht mehr nur als Angehörige ihrer jeweiligen Stämme und Gentilverbände zu gelten hatten, sondern als Staatsvolk erkennbar waren. Wir nennen die Ruthenen heute Ukrainer; allerdings eigentlich auch nur, wenn sie innerhalb der Grenzen dieses Staates leben. Vor dessen Gründung waren die Ruthenen ein schwach definiertes und irgendwie nicht recht ernst zu nehmendes Gewusel um die Karpaten herum lebender Menschen, durch deren Volkslieder eben ein schwermütiger Zug ging.

Die Ukrainer außerhalb der 1918 gezogenen Grenze sind noch 1927 nur »Ruthenen« gewesen. Ihre Verwandten und Landsleute aber, die durch den neuen Staat ontologisch neu formatiert worden waren, hatten schon ein Land, einen Pass, ein gemeinsames Schicksal. Sie würden von Stalin in einem Genozid ermordet werden, der als eins der großen Verbrechen des letzten Jahrhunderts gilt. Sie werden 2004 eine Revolution machen, die zum weltweiten Fernsehereignis wird. Sie sind jetzt jemand.

Sie sind Opfer und Helden. Sie spielen eine Rolle. Sie sind Ukrainer. Sie sind in die Geschichte eingetreten. Worum es den zu spät gekommenen, unterdrückten, kolonisierten, unbekannten, verleumdeten, nicht anerkannten, nicht gesehenen Nationen und Völkern seit dem 19. Jahrhundert im Grunde geht, ist ein weltgeschichtliches Public-Relations-Problem, ein Projekt der historischen Neufassung. Lars Gustafsson hat es an einer Stelle in seinem Roman »Geheimnisse zwischen Liebenden« drastisch auf den Punkt gebracht. Es geht – so sagt in diesem Buch der politische PR-Experte und *spin doctor* Dick Olsson zur Delegation einer fiktiven innerasiatischen Nationalbefreiungsbewegung (in der man vage die der Tschetschenen erkennt) – um die Möglichkeit jener noch nicht definierten und sich aus dem *unmarked space* hervorarbeitenden Nationen zu sagen: »Wir sind keine Scheiße.«

Die russischen Narodniki sind die klassischen Politiker slawischer Nationalromantik gewesen. Vor 1900 waren sie das beliebteste Opfer von Lenins theoretischen Hinrichtungen (und ihre Nachfolger, die Sozialrevolutionäre, nach 1918 seiner praktisch-faktischen). Das Erbe der Narodniki hat Trotzki in seiner Biographie des jungen Lenin so beschrieben: »Die revolutionären Elemente der Intelligenz identifizierten sich nicht nur theoretisch mit dem Volk, sondern strebten danach, mit ihm zu verschmelzen; sie trugen Bauernkittel, aßen wie der Muschik Krautsuppe ohne Fleisch und lernten mit Hakenpflug und Axt zu arbeiten. Das war keine politische Maskerade, das war eine echte Tat. Aber zugrunde lag ihr ein großes Quidproquo: die Intelligenz schuf das Volk nach ihrem Ebenbild, und dieser biblische Schöpfungsakt bereitete ihr beim Übergang zur Aktion tragische Überraschungen.« Lenin dagegen war weder ein völkischer Romantiker noch ein Nationalist. Ihm ging es um die Errichtung eines kommunistischen Weltenstaats – und später dann wenigstens um so etwas wie eine linke Version des transnationalen, Nationen ignorierenden und unterdrückenden Zarenreichs. In der tagespolitischen Auseinandersetzung mit den Narodniki musste zugleich eine Intellektuellensehnsucht und -stimmung diskreditiert werden, die sich seit dem 19. Jahrhundert fast überall in Europa als oppositioneller Mainstream und eine Art theoretischer Volkskunst etabliert hatte. Es musste etwas zurückgedreht werden.

Denn dass ethnische Gruppen, die als österreichisch-ungarische, preußische oder russische Untertanen jahrhundertelang beiderseits der Karpaten oder einer anderen Grenze ihr Wesen getrieben hatten, erst theoretisch, literarisch und künstlerisch, dann völkisch und staatlich neu formatiert wurden und damit einen neuen Status erlangten, ist der folgenreichste und gewalttätigste politische Vorgang in dieser Weltgegend von 1848 bis zum Beginn des 20. Jahrhunderts gewesen; an seinem Ende, und mit dem Ende des sozialistischen Imperiums, ist er noch einmal aufgelebt und jetzt vielleicht endgültig zum Abschluss gelangt. In den Jahren vor und nach 1918 aber, als Julia Zavacka zwanzig war, durchschlug das Prinzip der völkisch-nationalen Selbstbestimmung, einer Formulierung Dan Diners zufolge, als »ein Projektil die Strukturen des alten Europa«.

In Julia Zavackas Leben hat das Prinzip der nationalen und völkischen Selbstbestimmung die entscheidende Rolle gespielt. Bis sich die völkischen, gentilgesellschaftlichen, sprachlichen Loyalitäten innerhalb der Donaumonarchie so weit geformt und gehärtet hatten, dass sie bei Gelegenheit des Weltkriegs und der Niederlage der Achsenmächte die imperialen Gefüge und Gleichgewichte des alten Europa projektilgleich durchschlagen konnten, hat es einen langen kulturellen und künstlerischen Prozess gebraucht. Oder, anders gesagt, die soziale Plastik einer Folge von Künstlergenerationen, die ihre Arbeit in der Romantik aufgenommen hatten, inspiriert vor allem durch deutsche Intellektuelle, durch Herder, die Brüder Grimm, durch Johann Gottlieb Fichte. Durchgehendes Prinzip dieses künstlerischen Gemeinschaftswerks seit der Romantik ist ein künstlerisches und intellektuelles Verfahren gewesen, das der polnische Konzeptkünstler, Maler und Theaterregisseur Tadeusz Kantor, schon ein Zeitgenosse der europäischen Moderne, in den dreißiger und vierziger Jahren des 20. Jahrhunderts mit seiner Theorie der »Realität des geringsten Ranges« auf den Begriff gebracht hat. Die osteuropäische Avantgarde und gerade die polnische hat den damit bezeichneten Motivzusammenhang mit besonderer Vorliebe ausgearbeitet. Die »Realität des geringsten Ranges« ist das Reich des Marginalen, Kleinen, Schmutzigen, Kaputten und Unbedeutenden, in dem jedoch – vermöge der Kunst – die Epiphanie jenes unabsehbaren Sinns aufgeht, nach dem die respektablen, gepflegten, gebildeten und wohlanständigen Institutionen und Kunsttempel vergeblich Ausschau halten.

Diese »niedrige Realität« steht als Denkfigur wahrscheinlich – auf die unterirdische, halb telepathische, halb
auf Missverständnissen beruhende Weise, in der sich
authentische künstlerisch-theoretische Einflussnahme
nun einmal vollzieht – mit Batailles Theorie der Souveränität in Verbindung. Sie ist mit den in ihrer Kleinheit
und Selbsterniedrigung triumphierenden Figuren und
Stilbewegungen im Werk Robert Walsers und Franz Kafkas verwandt. Es scheint zudem, dass sie eine osteuropäische Ausprägung des Readymade-Verfahrens Marcel
Duchamps darstellt. Jedenfalls herrscht die »Realität des
geringsten Ranges« beispielsweise in den nächtlich-ma-
sochistischen Stadtlandschaften des polnisch-jüdischen
Schriftstellers und Zeichners Bruno Schulz. Als geheimes
Zentrum steht dieses Motiv auch im Innern von Witka-
cys »Theater der reinen Form«. Als *objet trouvé* – ein
zerbrochenes Wagenrad, ein den Nazis geklauter Laut-
sprecher – hat es sich, noch in den Jahren der deutschen
Okkupation Polens, auf den illegalen Bühnen der Keller
und Privatwohnungen gefunden, wo die großen, bis heute maßgebenden Inszenierungen Tadeusz Kantors sich
verstecken mussten. Und es zeigt sich im Schmutz der
Kafkaschen Dachbodenarchive und Schlossbüros oder
im Staub des Interieurs, auf dem der in einen Käfer verwandelte Gregor Samsa, einen verfaulten Apfel im zer-
brochenen Rückenpanzer, sterbend umherkriecht.

Das Werk Andrzej Stasiuks, des heute im Westen bekanntesten polnischen Schriftstellers, ist nichts als eine
lang ausgesponnene Meditation über die »Realität des
geringsten Ranges« unter zeitgenössischen Bedingungen

und Lebenswelten. »Unterwegs kommen wir an einem jener innerstädtischen Brachgrundstücke vorbei, die man übersieht«, heißt es in einer Reportage über Stasiuk, seinen Wohnort und seine Landschaft. »›Hier‹, sagt er und schwenkt seine Dose in einer zeremoniellen Geste, ›hatte ich meine Erleuchtung.‹ Wir schweigen ehrfürchtig und betrachten herumliegenden Müll und zwei nebeneinander stehende spitze Betongebilde, die wie übriggebliebene Zähne in einem Gebiß aus dem niedergetretenen Gras ragen. ›Und was ist das?‹ fragen wir das Naheliegende. ›Ein Scheißhaus‹, erwidert der Dichter vergnügt und benennt die Türen zu unseren Ehren auf deutsch: ›Damen und Herren‹.«[1]

Die Methode des künstlerischen Neuformatierens und damit Verklärens gewöhnlicher, verachteter, dabei oft irgendwie national konnotierter Gegenstände und Lebensverhältnisse findet ihr letztes, nur noch halb bewusstes Echo in der polnischen und slowakischen Inneneinrichtung, ihrer Vorliebe für »rustikale« Holztäfelungen, farbige Verglasungen, Volkskunst. Der Vater des polnischen Gesamtkünstlers Witkacy macht aus den goralischen Bauernhäusern einen architektonischen und vor allem innenarchitektonischen Nationalstil. Die Hauptwerke der slawischen Nation-building-Literatur sind Verklärungen des Gewöhnlichen. Stanisław Wyspiański geht in »Wesele«, einem Theaterstück aus dem Jahr 1901, das in Polen eine Geltung hat wie Goethes »Faust« im Distinktionsgefüge der deutschen Nationalliteratur, so weit, die

1 »Die Zeit« (19.10.2000)

Hochzeit seines Freundes, des jungpolnischen Dichters Lucjan Rydel mit einer Bauerntochter, literarisch derart neu zu erschaffen, dass sie bis heute als Allegorie der nationalen Wiedergeburt gelesen wird. Ephemere Erlebnisse eines Freundeskreises werden – eigentlich nicht viel anders als in manchen Romanen von Eckhard Henscheid, wo das Verfahren als komisches erscheint – so konsequent »hochmoduliert«, so radikal ins Typische und Verklärte erhoben, dass sie plötzlich als nationale Schlüsselereignisse erscheinen und von einem entsprechend gestimmten Publikum, das auf solche Mythisierungen nur gewartet hat, plötzlich als solche gelesen werden können.

Besonders wichtig ist dabei die Pathosformel und Darstellungsweise, eine weibliche Dorfschönheit zu einer Allegorie der erblühenden, sich ins Offene kämpfenden Nation emporzustilisieren. Wyspiański selbst heiratete die Freundin von Rydels Braut. In berühmten Pastellgemälden hat er sich als den Bauern dargestellt, in den er sich zu verwandeln wünschte. Es war der Traum der Verklärung revolutionär oder national gesinnter Intellektueller in Männer des Volkes. Vom Bild des »philosophischen Bauern«, von dem die deutschen Dichter und Philosophen des Sturm und Drang träumten, über die russischen Narodniki und »Sozialrevolutionäre« bis zu den Opfern und Propagandisten des maoistischen »Dem Volke dienen« hat sich die Andacht gegenüber der »Realität des geringsten Ranges« sozialpsychologisch und politisch ausgeprägt.

Julia Zavacka war eine solche ruthenische Dorfschönheit. Sie selbst jedenfalls hat sich so gesehen. »In meiner Jugend war mein Körper wie Magnet, zog nur gute Männer an«, sagte sie. Sie erzählte ihrem Sohn später dann im amerikanischen Pittsburgh zeitlebens idealisierte Geschichten aus ihrem Dorfleben, die sich an die nationalrevolutionären Topoi der Verklärung des Gewöhnlichen angelehnt haben. Sie scheint sich mit diesen Erzählungen in die Rolle einer nationalen Muse hineinstilisiert zu haben. »Julia war eine wunderbare Geschichtenerzählerin«, schreibt Victor Bockris in seiner Biographie Andy Warhols, »und liebte es, Andy bei sich in der Küche zu haben, während sie kochte, putzte oder an ihren Blech- und Papierblumen arbeitete.« Denn Julia war, wie ihr Sohn später oft betonte, »folk artist«: »Weil sie Blechblumen aus diesen Obstbüchsen machte, habe ich später meine ersten Bilder von Konservendosen gemalt . . . Sie war eine wirklich gute und genaue Künstlerin, wie die Primitiven.« Die Ideologie der russischen, polnischen und slowakischen Volkskunstbewegung ist der slawischen Nationalromantik und Volksverherrlichung eng verwandt und aus ihr entstanden. »Julia verwob traumhafte Erinnerungen an ihr Dorf in all ihre Erzählungen. Dort war das Wasser ›so gut‹, der Boden war so gut und die Kartoffeln waren so gut, da konnte nichts in Amerika mithalten.«

Die Beschwörungen und Verklärungen der »Realität des geringsten Ranges« sind Effekte einer Grenzverschiebung. Die Grenzen der Kunst werden so verlegt, dass sie zum Beispiel die bisher ignorierten, statuslosen und eigentlich unsichtbaren Schnitzereien und naiven Bil-

der, die »arme« Architektur der Bauernhütte, das Design
der selbstgezimmerten hölzernen Tische und Bänke als
Ausdruck der völkischen und nationalen Substanz um-
fasst. Die Kunst neigt sich dem Volk zu. Am Ende dieses
Prozesses innerer Grenzverlagerung zwischen der Spitze
und der Basis des kulturellen und dann auch politischen
Felds, zwischen Hochkultur und Volkskultur, steht die
nationale Neugründung (und oft genug dann auch die
ethnische Säuberung).

Julias zukünftiger Ehemann Ondrej (oder Andrej) Warhola stammte auch aus Mikova und war 1906, siebzehn-
jährig, nach Pittsburgh ausgewandert. Wie die polnischen
Auswanderer sich vor allem in Chicago niederließen und
ihre Heimat dort in einer Parallelgesellschaft sozial und
kulturell genau abbildeten, so war Pittsburgh das bevor-
zugte Ziel der Tschechen, Slowaken und eben Ruthenen.
Nicht zufällig ist der Staat »Tschechoslowakei« 1918 von
Exilslowaken und -tschechen im »Vertrag von Pittsburgh« kodifiziert und erfunden worden. Hier in Amerika hatte er de facto schon seit Jahrzehnten existiert.
Julias Zukünftiger arbeitete in einer Kohlegrube, bis er
genug Geld zum Heiraten zusammenhatte. 1909 war er
wieder in Mikova, auf Brautschau. Julia Zavacka war gerade sechzehn geworden. Der Wunsch der Familie, sie
möge sich verheiraten, war groß und drückend. Bockris
schreibt:»Laut Julia ›kam er ins Dorf zurück, und jedes
Mädchen wollte ihn haben. Väter boten ihm viel Geld
und viel Land, damit er Töchter heiratet. Er nicht wollen. Er mich wollen.‹ Als Julia keine Lust hatte, Andrej
zu heiraten, schlug ihr Vater sie ... ›Ich weine. Ich nicht

weiß. Andy kommt wieder. Bringt Bonbons, wunderbare Bonbons. Und für diese Bonbons, ich heirate ihn.‹«

Freilich war das in Amerika verdiente Geld dann bald zu Ende. 1912 bricht der erste Balkankrieg aus, eine der heute vergessenen Krisen, die im Weltkrieg von 1914 schließlich final explodieren werden. Julia Warholas Ehemann muss damit rechnen, zur k. u. k. Armee eingezogen zu werden, und er kehrt nach Pittsburgh zurück, alleine.

Der Mord an den europäischen Juden im Zweiten Weltkrieg hat im Ersten drei Parallelaktionen und Probeläufe erlebt. Die erste dieser Generalproben zum Völkermord sind die deutschen Gräuel im besetzten Belgien gewesen. Die zweite, der Völkermord osmanisch-jungtürkischer Truppen an den Armeniern, ist neuerdings im Zusammenhang mit den Bestrebungen der Türkei, der EU beizutreten, zumindest einer westlichen Öffentlichkeit zu Bewusstsein gekommen. Der dritte Völkermord des Ersten Weltkriegs ist sogar vielen Geschichtswissenschaftlern unbekannt. »Nur die wichtigsten Fakten« fasst der Linzer Historiker Hans Hautmann folgendermaßen zusammen: »Im Sommer und Herbst 1914 wurden in Galizien an die 30 000 Ruthenen, darunter auch Frauen, exekutiert, wobei die Mehrzahl der Erschießungen und Erhängungen nicht aufgrund eines Urteils in einem feldgerichtlichen bzw. standgerichtlichen Verfahren erfolgte, sondern willkürlich, auf den bloßen Verdacht hin, für die Russen spioniert zu haben, an Ort und Stelle, unter Berufung auf die sogenannte ›Kriegsnotwehr‹, die den Offizieren der kaiserlichen Armee die Befugnis gab, solche

Tötungen anzuordnen. Dasselbe mit einer geschätzten Opferzahl von ebenfalls 30 000 geschah gegenüber der serbischen Bevölkerung auf dem Balkankriegsschauplatz. (Von beiden Verbrechen zeugen die zahlreich überlieferten berüchtigten ›Galgenfotos‹.) Nach dem Landesinneren wurden in Internierungslager Zehntausende ›politisch Verdächtige‹ deportiert, Ruthenen, Serben und Italiener. Im Ruthenenlager Thalerhof bei Graz starb im Winter 1914/15 von den rund 7000 Insassen ein Drittel an Flecktyphus. Mehrere tausend Tschechen, Ruthenen, Serben, Slowenen und Italiener wurden von Militärtribunalen als Staatsfeinde zum Tode verurteilt und hingerichtet, wobei die Mehrzahl der Verfahren höchst zweifelhaft war und dem glich, was man üblicherweise ›Justizmord‹ nennt. Daneben gab es Tausende Verurteilungen zu hohen Kerkerstrafen; Hunderte dieser Delinquenten fanden in den Gefängnissen und in den beiden Militärstrafanstalten Theresienstadt und Möllersdorf, in denen entsetzliche Zustände herrschten, den Tod.«[2]

In Bockris' Warhol-Biographie finden diese Vorgänge ein so konfuses und verwischtes Echo, dass man sich fragen muss, ob sich der Autor auf die Erzählungen der alten Julia Warhola wirklich einen historisch konsistenten Reim zu machen gewusst hat: »Die schweren Gefechte in den Karpaten von 1914 bis 1916 waren nicht nur ein Krieg der Nationen, sondern auch ein Krieg voller Vergeltungsmaßnahmen gegen die Zivilbevölkerung. Uralte,

2 Hans Hautmann: Der erste Weltkrieg und unsere Zeit. In: Mitteilungen der Alfred-Klar-Gesellschaft, Nr. 3, 2004

tiefe Hassgefühle, basierend auf unüberwindlichen religiösen und gesellschaftlichen Differenzen, tobten sich nun aufs schrecklichste aus. Julias Haus wurde niedergebrannt, und sie verlor all ihre Habseligkeiten ... In einem benachbarten Dorf wurden sechsunddreißig Familienväter an die Wand gestellt und erschossen. Nach Julias Ansicht waren die Russen so schlimm wie die Deutschen, und die Polen waren noch schlimmer. Nur ihren guten Ortskenntnissen verdankte sie ihr Leben. Jedes Mal, wenn sie gewarnt wurde, dass Soldaten im Anmarsch waren, stieg sie mit ihren kleinen Schwestern auf einen Pferdekarren und kutschierte tief in den Wald, wo sie sich tagelang versteckt hielten. Oft mussten sie mitten in der Nacht bei Regen oder Schnee aufbrechen, und es kam vor, dass Julias Rock steif gefroren war, wenn sie ihr Ziel endlich erreichten.«

Die russische Revolution und die Gründung der ukrainischen Volksrepublik verlegten den Rand der Alten Welt noch einmal. Julia Warhola jedoch überschritt damals die Grenzen ihrer Welt nach Westen, und für immer. »Als 1921 eine europäische Grippeepidemie auch die Bevölkerung der Karpaten hinwegraffte und kurz bevor die USA ein Einwanderungsembargo über Osteuropa verhängten, lieh sich Julia Warhola 160 Dollar von ihrem Priester und machte sich mit Pferdekarren, Zug und Schiff auf den Weg zu ihrem Mann in Pittsburgh.«

Manchmal gerinnen historische Erfahrungen zu einfachen Formeln. Aus denen in anderen Zusammenhängen überraschend etwas Neues entsteht. Mit dem Spencer-Brownschen Formenkalkül zum Beispiel lässt sich die Logik und Funktionsweise von Computern schlüssig beschreiben. Und es ist die Grundlage für die Weltdeutung Niklas Luhmanns. Spencer-Browns Mantra und Basissatz lautet: »Draw a distinction and a universe comes into being.« Der britische Mathematiker systematisiert eine Erfahrung, die man im 20. Jahrhundert oft und manchmal auf tödliche Weise machen konnte; vielleicht formuliert er mit seiner Anweisung überhaupt so etwas wie die Grunderfahrung des letzten Jahrhunderts. In Berlin wurde sie in den frühen neunziger Jahren noch einmal für den Spaziergänger überwältigend, wenn er auf einer Straße oder Brücke, deren östliche Fortsetzung bisher in einer anderen Welt gelegen hatte, jetzt einfach weitergehen konnte. Erst über einen Zeitraum von Jahren hinweg verloren die Häuser, Parks und Straßen auf der Außenseite jener Grenze ihren von »unserer« Welt verschiedenen ontologischen Status. Sogar heute, fast zwanzig Jahre nach Aufhebung dieser Grenze, ist sie manchmal noch zu spüren.

George Spencer-Brown, eine geheimnisumwitterte, wie von David Lodge erfunden wirkende Figur heroischer Wissenschaft, ist 1969 einmal aus London ins kalifornische Esalen gereist, wo die assoziativen Tiefen und »Netzwerke« von Crackpotwissenschaft, Garagentechnologie, psychedelischer Kunst, Zenbuddhismus, Gestalttherapie, freier Liebe und den Vorläufern des World Wide Web das charismatische Milieu produktiver intellektueller Verwirrung bereitstellten, aus dem postmoderne Kunst, digitale Boheme, avantgardistische

Popmusik, die Komplexe und Kartelle »wilden Denkens« heute noch Anregungen beziehen. Wie es von Spencer-Brown nicht anders zu erwarten gewesen war, endete der Workshop in Esalen mit einem Eklat. Der britische Mathematiker und Philosoph hatte mit Russell und Wittgenstein gearbeitet und war an fachkundig-adorante Diskussionspartner gewöhnt. Spencer-Brown reiste nach zwei Tagen wutentbrannt ab und ließ konsternierte Hippies zurück.

Das Bewusstsein von Grenzen aber und der ontologischen Bedeutung von Grenzverschiebungen explodierte in den künstlerischen Bewegungen Amerikas in jenem Jahrzehnt geradezu. Wahrscheinlich hatte es in der amerikanischen Erfahrung schon seit viel längerer Zeit bereitgelegen. Das Land ist bekanntlich gar nicht anders entstanden als durch die dauernde Verschiebung seiner zivilisatorischen, ökonomischen und politischen Grenzen. Und es wurde seit langem und seit 1918 zunehmend bevölkert von Menschen, die durch die Folge der beschriebenen europäischen Grenzverlagerungen ihre ursprüngliche Heimat verloren hatten. Neuformatierung des ehemals Verachteten und Unkünstlerischen ist jedenfalls so etwas wie der Motor der amerikanischen Kunst seit den frühen sechziger Jahren gewesen. Besonders die Distinktion zwischen Hochkunst und Kulturindustrie war die ekelbewehrte Peinlichkeitsgrenze, die in Deutschland noch bis weit in die siebziger Jahre unterm Bannfluch der Kritischen Theorie bildungskleinbürgerliche Kindheiten verkorksen konnte. Sie hat damals so viele und wichtige Innovationen hervorgebracht wie

seit Jahrzehnten nichts anderes mehr. Sie stellte die Fall-
höhe für tabubrechende Arbeiten und die Grenzgefahr
für künstlerische Abenteuer bereit. Kirk Varnedoe und
Adam Gopnik, die Kuratoren der Ausstellung »High and
Low« im New Yorker MoMA, beschrieben dieses in die
Kunstentwicklung der sechziger Jahre eingebaute Mobi-
le 1990 als metaphysisch-kunstgeschichtliche Tinguely-
Skulptur. Sie bezeichneten das High/Low-Modell des
Kunstwandels als »Dr. Aghas Rad«, nach einem Gra-
phiker namens Mehemed Fehmy Agha, der im frühen
20. Jahrhundert lebte. In einem kurzen Aufsatz von 1931,
erklärten die Kuratoren, hatte dieser Agha die Bewegung
zwischen hoch und niedrig mit dem Bild einer Art Rie-
senrad oder Schaufelbagger verdeutlicht, in dessen Um-
wälzbewegungen die Formen sich nach vorn bewegen,
indem sie sich von einer Seite des Rads auf die andere
und wieder zurück verlagern und dabei, in einer Formulierung von Varnedoe and Gopnik, eine »sich überschla-
gende Sittenkomödie« aufführen (*a revolving comedy of
manners*).

Es war, wie ich mich noch heute gut erinnern kann, von
einer unnachahmlichen Herablassung, wie meine Mutter, die nach einem Studium der Kunst und der Kunst-
geschichte in den fünfziger Jahren doch selbst als Mode-
graphikerin gutes Geld gemacht hatte, um 1968 herum
einmal hohnvoll das Gesicht verzog, als sie Andy Warhol,
dessen erste große Werke und vor allem Verkaufserfolge
auch in der deutschen Provinz ruchbar wurden, mir
gegenüber als einen »eigentlich ganz guten Werbegraphiker« bezeichnete. Das hat Ende der sechziger Jahre

wirklich gesessen. Ein wenig fühlte ich mich nach diesem Gespräch, als hätte sie mich, indem ich mich an Warhol interessiert zeigte, bei der Lektüre eines Micky-Maus-Heftchens erwischt. So ähnlich müssen sich die Pfarrer und Dichter des 18. Jahrhunderts gefühlt haben, die es unter den hohnvollen Augen der national längst etablierten ungarischen Bildungselite unternahmen, den mittelslowakischen Dialekt grammatikalisch und lexikologisch zu erfassen und ihn, indem sie die dazugehörigen klassischen Idyllen, Epen, Dramen gleich selber schrieben, zu einer Literatursprache auszubauen. Sie nobilitierten und formatierten die Mundart eines nordungarischen Landstrichs, den man damals meist als »Walachei« bezeichnete (das Wort ist noch heute als Synonym für das Ende der Welt geläufig).

Andy Warhol war Ende der fünfziger Jahre einer der bekanntesten und bestbezahlten Werbegraphiker in New York. 1958 eröffnete Jasper Johns, dessen gemalte Flaggen, Zielscheiben, Zahlzeichen die Flatness-Forderung Clement Greenbergs gleichzeitig in die Richtung der Concept- wie einer Proto-Pop-Art radikalisierten, seine erste Ausstellung bei Leo Castelli. Johns war 27 Jahre alt, zwei Jahre jünger als Julia Zavackas Jüngster. Er schloss mit seinen künstlerischen Innovationen nicht nur an die immer noch dominierenden theoretischen Kunstauffassungen des abstrakten Expressionismus an, den Warhol bald über Bord werfen würde, sondern er verkörperte auch noch das Image des Boheme-Intellektuellen, auf das Andy Warhol bis zum Ende seiner Karriere folgenreich verzichten sollte. Johns' Ausstellung war eine Sensation.

Zwei Monate später folgte, auch in der Castelli-Galerie, die Eröffnung der ersten Ausstellung Robert Rauschenbergs, der ursprünglich, wie Warhol, in der Werbebranche reüssiert hatte.

Und Andy Warhol, durch diese Erfolge seiner Generationsgenossen ermuntert und in Zugzwang gebracht, entschied sich endgültig, die Grenze zwischen Werbegraphik und »wirklicher« Kunst zu überschreiten. Seine Version dessen, was dann bald Pop-Art war, unterschied sich grundlegend von der Jasper Johns'. Warhol traute das Crossing von Alltagsgegenständen von der trivialen auf die nichttriviale Seite der Unterscheidung Kunst/ Nichtkunst nicht nur abstrakten Symbolen und Zeichen zu, sondern erhob eine amerikanisch-konsumkapitalistische Version der »Realität des geringsten Ranges« in den Status der Kunst. Zunächst scheint er allerdings bezeichnenderweise mit eher altweltlich wirkenden künstlerischen Radikalismen experimentiert zu haben. »Eines Tages pinkelte er auf eine Leinwand, war aber vom Resultat enttäuscht, rollte sie zusammen und steckte sie weg. An einem anderen Tag legte er eine Leinwand vor die Haustür, um festzustellen, was für eine Art von Bild die Fußabdrücke von Leuten ergeben würden.« Diese altosteuropäisch erdige Entwicklungsstufe des Warhol'schen Frühwerks (man könnte sie die Andrzej-Stasiuk-Phase nennen) weicht schließlich schon einige Wochen später – mit dem ersten Porträt einer Dollarnote – den klassischen Warhol-Sujets. Ihnen ist gemeinsam, dass sie so weit wie möglich entfernt sind von den in moderner Hochkultur akzeptierten Stoffen. Der Geldschein widerspricht dem Antikommerzialismus und Antikapitalismus der etablierten Moderne, die nie so hohe Honorare kassieren kann, dass sie das Selbstbewusstsein verlieren würde, Reißzahn im Hintern der Herrschenden zu sein. Colaflasche und Konservendose provozieren das Ideal einer von feinen Weinen umrahmten wichtigtuerischen Esskultur, die als einzige Sinnlichkeitsdemonstration auch dem linken Künstlerrebellen frommt. Die Porträts schöner Frauen desavouieren die Feindschaft, die die Moderne dem Naturschönen geschworen hat. Warhols Bilder mächtiger Männer skandalisieren die revolutionäre Neigung etablierter und irgendwie »eigentlicherer« Künstlerkollegen. Und so weiter.

Arthur C. Danto, der wichtigste unter den wenigen Kritikern, die der »High and Low«-Ausstellung seinerzeit gewogen waren, hat Warhols turbofrisierte Kunstverklärung industriell produzierter »Realität des geringsten Ranges« später mit der Stelle in den Evangelien enggeführt, die Jesus auf einem Berg zeigt, wo er »verklärt« wird. »Und es begab sich bei diesen Reden bei acht Tagen, dass er zu sich nahm Petrus, Johannes und Jakobus und ging auf einen Berg zu beten. Und da er betete, wurde die Gestalt seines Angesichts anders, und sein Kleid ward weiß und glänzte. Und siehe, zwei Männer redeten mit ihm, welche waren Mose und Elia ... Und es begab sich, da die von ihm wichen, sprach Petrus zu Jesu: Meister, hier ist gut sein; lasset uns drei Hütten bauen, dir eine, Mose eine und Elia eine; und er wusste nicht, was er redete.« Der postmoderne Theoretiker Danto will sich bei einer christlichen Deutung der Kunstverwandlung freilich nicht beruhigen. »Deshalb wurde ein neuer Anfang notwendig mit Objekten, die so tief in der Banalität steckten, dass ihr Potential für eine ästhetische Kontemplation selbst nach der Metamorphose verborgen blieb. Auf diese Weise ließ sich die Frage, was sie denn zu Kunstwerken mache, ohne jede Rücksicht auf ästhetische Überlegungen anschneiden. Eben dies halte ich für den Beitrag des Pop-Art-Künstlers Andy Warhol.«

Julia Warhola, geborene Zavacka, die an Aufstieg, Karriere und Ruhm ihres Sohnes im Souterrain seines Hauses beobachtend teilnahm, hätte die fromme Interpretation wahrscheinlich besser gefallen. Ihr wäre dabei wiederum entgangen, dass Petrus' Wunsch, auf dem Berggipfel der Verklärung zu bleiben und dort eine stabile Behausung bauen zu wollen, ein sündiges Verlangen (»Himmelreich auf Erden«) des Superbia-Formenkreises darstellt, also letztlich doch zum Künstlerberuf von »my Andy« passte. Dessen Siebdruckgemälde und Brillo-Boxes sind dabei nicht nur eine ironische Aufhebung der gnostischen Superbia, deren sich der Apostel Petrus schuldig machte (»und er wusste nicht, was er redete«), sondern auch der verschwitzten Künstler-Superbia, die in Ostmitteleuropa wie in Lübeck und anderswo im Westen noch immer zu besichtigen ist.

Amerika hat es halt doch besser. Auf einer herbstlichen Autoreise von Prag nach Polen bin ich, von der Dämmerung und einem dichten Nebel überrascht, hinter dem Steuer plötzlich so müde und nervös geworden, dass ich mich in einem kleinen, habsburgergelb gestrichenen, nach Bratenfett und frischer Wandfarbe riechenden Hotel einquartiert habe. Die Gaststube war geschmückt mit Ansichten von Manhattan. Ich hatte das Gefühl, noch nie etwas so Exotisches gesehen zu haben wie das Chrysler-Building an den Wänden dieses nächtlichen tschechischen Hotels. In einem Prospekt, der an der Rezeption gelegen hatte, las ich bei Piroggen und mährischem Bier, dass es mich nach Příbor, das ehemalige Freiberg/Mähren verschlagen hatte, an den Geburtsort Sigmund Freuds. Und plötzlich schien mir der Gedanke so sonnenklar wie geradezu schockierend erstaunlich, dass die grundlegenden Erfahrungen und Beschreibungen unseres glänzenden und reichen westlichen Lebens aus dieser schon damals denkbar verlassenen, heute erbarmungslos ausgeplündert, kalt, verregnet und neblig daliegenden Grenzgegend gekommen sind. Auch Julia Zavacka, die siebzig Jahre später in der Kunst- und Schwulenszene New Yorks eine untergründige Rolle spielen sollte, ist bis zu ihrem Tod im Jahr 1972, im Souterrain ihres großen und unablässig Kunstwerke schaffenden Sohnes, betend, nörgelnd, intrigierend und sich betrinkend, ohne dass es damals irgendjemandem aufgefallen wäre, so etwas wie ein lebendes Weltkulturerbe der postmodernen Menschheit gewesen.

Im Museum für
Nationale Scheinschwangerschaft

Sieben Jahre lang habe ich kaum zweihundert Meter entfernt von jenen Hallen, Korridoren, Bildern und Skulpturen gearbeitet. Und doch sind die vielleicht halbdutzend Mal, die ich im Obergeschoss der Krakauer Tuchhallen war und mir das dortige Museum polnischer Kunst des 19. Jahrhunderts angeschaut habe, jedes Mal eine Reise in ein fernes Land und in eine versunkene Zeit gewesen. Die Tuchhallen, deren Name von einem ursprünglich offenbar flandrischen Typus hochmittelalterlicher Profanarchitektur stammt, sind ein Gebäude wie ein festlich elaborierter arabischer Schriftzug: langgestreckt, girlandenförmig die immer gleichen Elemente (die Namen Gottes) wiederholend; rhythmisch in Wellen und Kaskaden aufbrandend und auslaufend; skurril in sich gezipfelt; umschwebt von kaum mehr zum Bau- oder Schriftkörper gehörenden und sich schon halb von ihm lösenden Serifen, Sonderzeichen, Haken, Ornamenten und Schleifen. So schmücken kanaldeckelgroße groteske Männergesichter aus hellem Kalkstein den langgezogen hingelagerten, sandgelb gestrichenen Gebäudeberg, Büsten barbusiger Frauen, korinthische Kapitele, gotische Spitzbögen, verschnörkelte Giebel und seltsam sinnlose Steinkugeln auf komplizierten Postamenten. Der Eindruck von Hysterie, die Anmutung eines übersteigerten und zugleich irgendwie absurden Ausdruckswillens ist unabweisbar. Und so habe ich den Tuchhallen an einem sonnigen Morgen des Jahres 2001, als ich in einem Café unter den Arkaden des flamboyanten Gebäudes frühstückte und mit mir über meine unklaren Eindrücke zu Rate ging, den privaten Geheimnamen »Museum für Nationale Scheinschwangerschaft« verpasst.

Obwohl die Tuchhallen im Spätmittelalter entstanden und in der Renaissance erweitert worden sind, wirkt das Gebäude, das einen weiten Marktplatz dominiert, weder mittelalterlich, noch will es einem recht gelingen, den Bau der Renaissance zuzuordnen. Seine phantasmagorische Überinstrumentiertheit ist in Wirklichkeit ein Symptom der Moderne; ein Lehrbuchbeispiel dafür, in welcher Formgesinnung die Kunsthistoriker und Architekten des Historismus die Traditionen, um die es ihnen ging, eher erfunden als rekonstruiert haben (wie überhaupt das 19. Jahrhundert die Zeit der erfundenen Traditionen ist). Es handelt sich um ein Mittelalter, wie es der um 1870 herrschenden Auffassung zufolge hätte sein sollen, eine Renaissance, wie das 19. Jahrhundert sie sich vorgestellt hat. Im Rekonstruieren, Zuendebauen und Herrichten hat man das in der Vergangenheit Angelegte zugleich im eigenen Sinne verbessern wollen. Und wirklich sieht man auf historischen Fotografien, dass der von 1874 bis 1879 vollkommen umgestaltete Bau danach kaum mehr etwas

mit seinen ganz frei interpretierten Vorgängern gemeinsam gehabt hat. Was immer die Reiseführer behaupten
mögen: Die Krakauer Tuchhallen sind ein historistischer
Neubau des 19. Jahrhunderts.

Zwischen Kalksteinsäulen, deren Kapitelle schnurrbär-
tige Männerköpfe mit Turbanen und anderen (wahrscheinlich erfunden traditionellen) Kopfbedeckungen
bilden, geht man eine schmutzige Treppe hinauf zu den
beiden langen und schmalen, das Obergeschoss der beiden Flügel des Baukörpers ganz einnehmenden Hallen
des Nationalmuseums. Ein Vorraum oder Vestibül liegt
in der Mitte. Darüber erhebt sich ein im 19. Jahrhundert frei erfundener Mittelbau, von dem weder im Hoch-
mittelalter noch in der Renaissance irgendwie die Rede
sein konnte. Die Zentralhalle enthält Porträts und Stadt-
ansichten, wie sie im frühen 19. Jahrhundert auch in den
drawing rooms der umliegenden Paläste gehangen haben
mögen. Aber schon den riesigen Abmessungen der Gemälde in den eigentlichen Ausstellungshallen sieht man
an, dass sie nur für ein Museum gemalt worden sein
können. Und tatsächlich besteht das Krakauer Nationalmuseum von 1874 fast nur aus Werken, die zur Entstehungszeit des Museums und größtenteils sogar für einen
vorher genau bestimmten Platz in ihm entstanden sind.

Die einander gegenüberliegenden Flügel im Obergeschoss der Tuchhallen verfolgen ein bipolares Bildpro-
gramm. Der südliche widmet sich einer national interpretierten Natur (als ob es so etwas wie »nationale Natur«
gäbe; aber die slawischen Staatskünstler scheinen es im

vorletzten Jahrhundert tatsächlich darauf angelegt zu haben, sie zu erfinden). Thema des nördlichen Flügels ist die polnische Geschichte. Mein Großvater, mit der Eisenbahn von einem kleinen schlesischen Dorf kommend, hat 1924, auf dem Weg zum Bergsteigen in der Hohen Tatra, in Krakau Station gemacht und ist damals auch durch das Museum in den Tuchhallen gegangen. Er sah, wie ich aus seinen Aufzeichnungen weiß, dieselben Bilder an derselben Stelle der beiden Räume wie ich. Diese Gemälde sind von 1874 bis 1939 in derselben Konstellation durch die Zeit gereist und, nachdem die Nazis sie abgehängt und die Tuchhallen für Wechselausstellungen benutzt hatten, nach 1945 fast genauso wieder zueinandergekommen. Ganz begeistert war mein Großvater seinerzeit beispielsweise von dem Kolossalgemälde eines in vollem Galopp einhersprengenden Gespanns schwarzer, monströs überdimensionierter Pferde, das von der Stirnseite des »Naturflügels« herüberdräut, den Besucher mit seinem bedrückenden Naturalismus ängstigt und vermutlich die Urgewalt des polnischen Volksgeistes oder etwas Derartiges zu symbolisch gesteigertem Ausdruck bringen soll.

Seinen Enkel dagegen hat ein anderes (zumindest lokal sehr berühmtes) Bild dieses Museums beeindruckt, eine diesmal erotische Zusammenballung schwarzer Pferdestärke. Sie hängt an der Längsseite rechts der Volksgeistquadriga und erschien mir als außerordentlich einleuchtende Darstellung des sexuell zugleich verklemmten und überheizten Ortsgeists, der heute ebenso wie zu Zeiten beispielsweise des dämonischen Erotikers Przybyszewski die Stadt und ihre Bewohner verwirrt. Szał (Leidenschaft) heißt diese ebenfalls bedrückend schwungvolle Darstellung einer weißen, nackten, fetten, entfesselten und rothaarigen Frauengestalt, die sich auf einem riesenhaften, durchgeknallt aufgebäumten Hengst eher festgeklammert hat, als dass sie ihn eigentlich reitet. Ein von keinem Konservator mehr unsichtbar zu machender Stich oder Riss klafft in der Leinwand. Man erzählt sich, der Maler habe sein Bild in einem Anfall erotischen Wahnsinns selbst attackiert, und es ist mir jedes Mal, wenn ich davor stand, als merkwürdig und unheimlich durch den Kopf gegangen, dass in Alfred Kubins Roman »Die andere Seite« (der mir immer als vollkommenes Seelenporträt Krakaus vorgekommen ist) tobend durchgehende, von einem geheimnisvollen »Klaps« besessene Pferde eine große Rolle spielen. Ein paar Jahre nach meinem ersten Besuch im Tuchhallenmuseum hat mir dann der ostdeutsche Schriftsteller Wolfgang Hilbig erzählt, seine eindrücklichste Erinnerung an Krakau bestehe im Bild eines irgendwann in den sechziger Jahren auf dem Hauptmarkt hemmungslos und in wahnsinniger Panik ausbrechenden und blindwütig durch die Arkaden preschenden Droschkengauls, der schließlich mit gebrochenen Beinen und inmitten abgerissener Teile und Lederriemen seiner ein Stück weit noch nachgeschleiften Kutsche liegengeblieben sei und von der herbeigeeilten Polizei habe erschossen werden müssen.

Nur auf den ersten Blick weniger leidenschaftlich sind die Szenen aus der Geschichte der Nation, die im gegenüberliegenden Flügel zu besichtigen sind. Das Land, das

sie darstellen, bestand zur Gründungszeit des Tuchhallenmuseums eigentlich mehr im Reich der Phantasie als
in der Wirklichkeit. Es war ein Thema nicht der Politik,
sondern der Prophetie. So zeigt das erste Gemälde dieses
ganz in ahnungsvollem Rost- oder Blutrot gehaltenen
Raums den ukrainischen Kosakendichter und Propheten Wernyhora, gemalt von Jan Matejko. Umgeben von
seinen Waffenbrüdern, einer aus irgendeinem Grund
verzweifelten Frau, einem skeptisch dreinschauenden
russisch-orthodoxen Popen, einem blutrot umwölkten
Mond, Fledermäusen, einem verträumten kleinen Jungen und einem an den Lippen des Propheten hängenden
und geradezu verzweifelt aufmerksam in ein Notizbuch
hineinschreibenden Deuter und Interpreten seiner Vi-
sion schaut Wernyhora mit aufgerissenen Augen und
dramatisch zerzausten Gesten wirr in die Zukunft (wo
er, wie wiederum aus dem schon erwähnten National-
gedicht »Wesele« von Stanisław Wyspiański hervorgeht,
eine glückliche und in jeweils eigener Staatlichkeit be-
festigte gemeinsame Zukunft für die Polen und Ukrainer
erblickt).

Doch auch weiter zurückliegende historische Vorläufer
hat der polnische Zukunftsstaat, den die Bilder in den
Tuchhallen im Jahr 1874 prophetisch vorwegnahmen.
Einen hat der Piloty-Schüler Henryk Siemiradzki in seinem Hauptwerk »Die lebenden Fackeln des Nero« dargestellt, einer vorgartengroßen Leinwand, vollgestopft mit
einer knappen Hundertschaft technicolorgetreu ausge-
malter Römer. Das Gemälde trägt die Erwerbsnummer 1
des Tuchhallenmuseums, und soviel Kunstfertigkeit,

Forschungsaufwand, Skizzenvorarbeit, Architekturstudium, Assistentenzuarbeit, Logistik und Herzblut muss in es eingegangen sein, wie man es heute allenfalls einem großen historischen Hollywoodfilm von Martin Scorsese angedeihen ließe. Auf einer blumengeschmückten Sänfte ruht und brütet – besoffen, düster und lustigerweise stark an den jungen Marlon Brando gemahnend – der böse Nero und betrachtet die schrecklichen Zurüstungen für die Verbrennung der Christen. Sie stehen auf hohen Pfählen, von denen sie, mit Werg und Pech umwickelt, gefasst und leidgeprüft herabschauen. Das Gefolge des Kaisers aber, vom bärtigsten Philosophen über den knorrigsten Leiblegionär bis zum laszivsten Lustknaben, ist erfasst von verschiedenen Stadien der Betrachtung und Reflexion des grausigen Geschehens (die brennenden Fackeln der Folterknechte nähern sich schon den öltriefenden Wergballen).

In manchen Gesichtern der zuschauenden Römer malt sich prophetisches Ahnen und Stutzen, ein Bewundern und Grausen, das über das Schicksal der Märtyrer hinausweist auf die (so kommt es dem Betrachter jetzt vor) Geschichte Polens, des Landes, das sein größter Dichter Mickiewicz (sein Denkmal steht derweil draußen, hundert Meter entfernt auf dem Marktplatz) als den Christus der Nationen bezeichnet hat. Gar nicht besonders gefallen hat meinem Großvater 1924 dann aber das konzeptionelle Kernstück des patriotischen Gesamtkunstwerks, Jan Matejkos »Preußische Huldigung«, das schon ganz protokonzeptionell auch den umliegenden Stadtraum in seine Sinnkonstruktion mit einbezieht. Denn von einer heute durch eine Bodenplatte gekennzeichneten Stelle auf dem Marktplatz aus ist der Schauplatz des Gemäldes und die in dessen Hintergrund erkennbare Marienkirche samt einem bestimmten Ausschnitt der Tuchhallenfassade genau wie auf dem Bild in der Wirklichkeit zu betrachten. »Die großen Matejko-Schinken von Kościuszkos Befreiungskampf«, schreibt mein Großvater in seinen Erinnerungen, »und von der Lehnshuldigung des ostpreußischen Ordenshochmeisters Albrecht von Brandenburg vor dem polnischen König Sigismund 1525 in Krakau, ließen zwiespältige Gefühle in uns aufsteigen.«

Gefühle im Betrachter aufsteigen zu lassen (zwiespältige in deutschnationalen Pastoren wie meinem Großvater, erhebende und begeisterte in polnischen Patrioten) ist überhaupt der eigentliche Zweck dieser Malerei, die sich als Gesamtkunstwerk mit dem (von Matejko maßgebend mitbestimmten) ikonographischen Gesamtprogramm der nationalen Ruhmeshalle und mit dem sie umgebenden städtebaulichen Ensemble des Krakauer Hauptmarkts verbindet (das zur Entstehungszeit des Gemäldes ebenfalls völlig neu gestaltet worden ist). Es ist, als griffe diese Malerei in die Wirklichkeit aus. Wie in einem sozialistisch-realistischen Gedicht von Volker Braun, in dem es heißt: »Schlag das Buch zu / Die Kunst beginnt erst / Wirklich.« Oder wie in der architektonisch-musikalisch-literarischen Sinnerzeugungsmaschine Bayreuth. Die Tuchhallen wollen nicht nur die Seele des Betrachters ändern, sondern zugleich die Geschichte und die Welt. Matejkos Gemälde will nicht nur lebensecht aussehen, sondern das neue nationale Leben selbst sein. Bärtig und

resigniert schaut der kniende Hochmeister des Deutsch-
ritterordens vor sich hin, der gedemütigte Erzfeind. Fett,
arrogant und eigentlich nicht sehr sympathisch thront
König Sigismund. Der eigentliche Held des Gemäldes
aber ist das Volk. Ironisch und kokett mit ganz anderen
Eroberungen und Huldigungen beschäftigt als mit der
Haupt- und Staatsaktion im Zentrum des Bildes zeigen
sich die Hofdamen, Mägde und Kokotten des königlichen
Gefolges; sinnend und ernst die Krieger und die huma-
nistischen Hofphilosophen; und am unteren Rand des
Bildes (in der gleichen Position wie wir, die Betrachter)
zeigt und erklärt ein Vater seinem dreijährigen Sohn die
Szene. Sich selbst hat der Maler, im berühmtesten und
am häufigsten reproduzierten Detail des Gemäldes (denn
es ist heute noch im polnischen Bildgedächtnis, auf Plakaten, Karikaturen, Pralinenschachteln und in Schau-
fensterdekorationen ganz lebendig) porträtiert als den
berühmten Hofnarren Stańczyk, der in einer komischen
und skeptischen Version der klassischen Denkerpose, die
Hand am Kinn und die Beine übereinandergeschlagen,
sich auf sein Narrenszepter stützt und über Gottweißwas
nachdenkt, wahrscheinlich über die vergängliche Natur
des politisch-geschichtlichen Ruhms.

Eine Reise in ein fernes Land und in eine versunkene Zeit
bedeutet die Betrachtung all dessen für einen zeitgenössischen Museumsbesucher gar nicht so sehr deshalb, weil
geschichtliche Ereignisse und vergangene Lebenswelten
auf diesen Bildern zu sehen sind. Sondern deshalb, weil
ihre Idee, der Zentralsinn, die Essenz des nationalen
Gedankens noch das scheinbar nebensächlichste Detail

durchdringt und jeden Quadratzentimeter der Bildfläche regiert. Wir zeitgenössischen Kunstbetrachter haben
über den postmodernen Werken, an denen wir unsere
Erwartungen ausrichten, schon fast vergessen, dass diese
vollständige Beherrschung der Bildfläche durch ein ge-
dankliches Zentrum – und im Fall des Tuchhallen-Kon-
zeptkunstwerks sogar die Beherrschung, Anverwandlung
und Umgestaltung des die Kunstwerke umgebenden Gebäudes, des angrenzenden Stadtraums und der nationalen Wirklichkeit – vor noch nicht sehr langer Zeit der
höchste und eigentliche Sinn von Kunst gewesen ist. Nur
aufgrund dieser Herrschaft der Idee über das Material
konnte Kunst das Modell einer Nation sein, in der jedes
Detail von einem Volksgeist durchdrungen war, der es
trug und ermöglichte. Oder später das Modell des Sozialismus, wo die Vernunft der herrschenden Klasse angeblich das gleiche Verhältnis zu den von ihr ergriffenen
Seelen und Wirklichkeiten hatte. Ich zitiere noch einmal
meinen Großvater: »Im Bildermuseum der sogenannten
Tuchhallen sahen wir viele großartige Bilder polnischer
Maler, zum Beispiel eine herrlich vorwärtsstürmende
Troika und ein ergreifendes Bild von einem Weihnachts-
abend, wo sibirische Verbannte vor einem Tisch mit
Teetassen sitzen und vor sich hinblicken – nichts sonst!«
Nichts sonst war (und ist) auf diesem tatsächlich ergrei-
fenden ganz kleinen Bild, das an einer wenig beachteten
Seitenwand des Geschichtsflügels hängt, heute noch zu
sehen. Und doch ist der nationale Trauergedanke in der
Miene jedes der da – alt oder jung, verzweifelt oder hoff-
nungsvoll, töricht oder weise, aber immer tieftraurig –
um den Tisch sitzenden Exilanten so streng, unverkenn-

bar und virtuos durchdekliniert wie das Thema in einer Klaviersonate der Wiener Klassik.

In den sechziger Jahren des 19. Jahrhunderts ging eine lange, verlustreiche und demütigende Periode erfolgloser polnischer Aufstände gegen die Teilungsmächte Preußen, Österreich-Ungarn und Russland zu Ende. Deren letzter war 1863 und 1864 der so genannte Januaraufstand gegen das Russische Reich gewesen, eine Serie von tief demoralisierenden Waffengängen zwischen einer schlecht bewaffneten und heroisch-inkompetent geführten polnischen Guerilla und drei regulären russischen Armeen von insgesamt fast zweihunderttausend Mann. An die zwanzigtausend Aufständische wurden nach der voraussehbaren und unvermeidlichen Niederlage nach Sibirien deportiert, dreihundert ihrer Führer erschossen oder erhängt, fürchterliche Reparationsforderungen aufgestellt und in den folgenden Jahren erbarmungslos durchgesetzt. Die russische Herrschaft wurde jetzt drückender, als sie jemals zuvor gewesen war.

Im österreichisch beherrschten Galizien formierte sich eine folgenreiche nationalkulturelle Reformbewegung. Ihr Ziel war es, sich von dem heroisch-tragischen Leitbild eines militärischen Nationalaufstands vorläufig zu verabschieden und einen »historischen Kompromiss« mit dem Habsburgerreich zum Ausbau der nationalen Kultur und zur Erzeugung eines wirtschaftlichen Aufschwungs zu nutzen. Eine Gruppe jungkonservativer Publizisten erwählte sich eben jenen Stańczyk, den Hofnarren der Jagiellonenherrscher, in dessen Gestalt und Gewand sich

Jan Matejko auf dem Zentralgemälde der Tuchhallen porträtieren würde, zu einer Art von Maskottchen und Wiedererkennungsfigur. Mit einer Serie satirisch-pamphletistischer Interventionen, den »Stańczyk-Akten«, wurden die »Stańczycy«, wie sie in den nun folgenden innerpolnischen Auseinandersetzungen genannt wurden, zum bestimmenden Einflussfaktor der Kultur- und Wirtschaftspolitik, des Städtebaus und des öffentlichen Klimas im Habsburgischen Königreich Galizien und Lodomerien und besonders in der westlichen Hauptstadt dieses fiktionalen dynastischen Konstrukts, in Krakau.

Der strategische Rückzug im nationalen Kampf, den die Stańczycy ihren Landsleuten nahelegten und der nun zu einer ungeahnten kulturellen und wirtschaftlichen Blüte im österreich-ungarisch besetzten Südpolen führen sollte, hat einen historischen Vorläufer, von dem die konservativen jungen Krakauer vermutlich gar nichts wussten. Ihr Projekt gleicht dem kulturellen und wirtschaftlichen Aufschwung Schottlands im 18. Jahrhundert nach der Schlacht von Culloden 1746 und dem endgültigen Scheitern der »Stuart Restoration«. Die militärisch besiegten und politisch marginalisierten Clans der schottischen Highlands erlebten ihre literarische Auferstehung (ihre Erfindung) in den Werken Walter Scotts und Robert Burns'. Die Bürger und Stadtväter von Edinburgh und Glasgow kompensierten ihre politische Provinzialisierung durch den Umbau ihrer Städte zu heute noch faszinierenden kulturellen Monumenten. Und den schottischen Intellektuellen gelang es in den nächsten hundert Jahren, eine Blüte philosophischer, nationalökonomischer und politikwissenschaftlicher Forschung und Publizistik hervorzubringen, die jene der politisch herrschenden Engländer intellektuell weit überflügelte und mit der sie zu so etwas wie Erfindern der Moderne wurden. Die Rückschritte der Politik brachten die Fortschritte der Kultur hervor.

Auch für die Umformatierung der Stadt Krakau aus einer armen, rückständigen kleinen Festungsstadt in das Realsymbol der polnischen Kultur und die virtuelle Hauptstadt einer zukünftigen Nation war die politische Niederlage der Januaraufstände paradoxerweise eine notwendige Voraussetzung gewesen. Die Stańczycy wurden die *spin doctors* eines nun über Jahrzehnte hinweg projektierten und ins Werk gesetzten politischen PR-Vorhabens. Die polnische Nation wurde der europäischen Öffentlichkeit von Krakau aus als ein kulturelles Projekt erklärt. Der wichtigste Protagonist der Gruppe, Stanisław Tarnowski, sicherte die Krakauer Kulturoffensive als Mitglied des Wiener Herrenhauses im österreichisch-ungarischen Reichsrat ab. Im Zug einer konstitutionell-liberalen Grundstimmung kam ihm dabei Sympathie bis aus der unmittelbaren Umgebung Franz Josephs I. entgegen. Der Kaiser stattete Krakau 1880 eine demonstrative Staatsvisite ab und erklärte die Königsburg zu einer seiner offiziellen Residenzen. Die Kommunalverwaltung, deren Rat seit 1866 frei gewählt werden durfte, entwickelte sich unter einer Reihe von fähigen Bürgermeistern zu einer Schattenregierung des freien Polen. Und das neue Krakau sicherte sich die Bundesgenossenschaft und Unterstützung der bisher allein repräsentativen Vertretung der Nation im Ausland, der Magnatenfamilie Czartoryski, die zuvor jahrzehntelang im Pariser Hotel Lambert die Fäden der *emigracja* mittels der Netzwerke des internationalen europäischen Hochadels gezogen hatte.

Dass die Czartoryskis ihre Sammlung von nationalen Memorabilien zusammen mit ihrer Gemäldesammlung (in der sich immerhin Werke wie Leonardos »Dame mit dem Hermelin« befanden) in diesen Jahren nach Krakau gaben, war mehr als eine kulturpolitisch dankenswerte Schenkung an die Stadtväter. Es symbolisierte, dass von nun an der Segen des polnischen Adels (der legitimen politisch-militärischen Mächte) auf dem Projekt der bürgerlichen Kulturkonservativen lag. Während aber die Sammlung der Czartoryskis in einem Palais am Rand der mittelalterlichen Stadt (wo sie symbolischerweise Teile der mittelalterlichen Stadtbefestigung in ihre Ausstellungsflächen einbezieht) bis heute den Charakter einer fürstlichen Kunst- und Kuriositätenkammer bewahrt, zeigte sich der immer selbstbewusster werdenden bürgerlichen Gruppe um den österreichisch-ungarischen Reichsrat Tarnowski und den Bürgermeister Dietl bald die Notwendigkeit eines neuen Museumstyps. Es war der Typ des Museums als künstlerischer Ruhmeshalle der Nation, eine Funktion, die Gestalt und Erwerbspolitik aller großen Sammlungen des 19. Jahrhunderts unterschwellig bestimmt, nirgends aber so vollkommen rein zur Ausprägung gekommen und heute noch so ungestört zu besichtigen ist wie in Krakau.

Die Gründung des Krakauer Nationalmuseums in den Tuchhallen ist eine Schöpfung aus dem Nichts gewesen, die idealistische Setzung einer Identität, die Erfindung einer Tradition. Weder gab es eine Sammlung noch ein Gebäude. Am Anfang stand allein das Bewusstsein einer Notwendigkeit.

»Keine Nation kann reale und materielle Macht ihr eigen nennen«, so beschrieb Tarnowski diesen national-spirituellen Bedarf, »es sei denn, sie hätte nationales Bewusstsein: einen spirituellen Inhalt und eine spirituelle Form, die von ihrer Geschichte geformt sind.« Man erkennt in dieser Forderung Tarnowskis unschwer jenen die Gemälde in den Tuchhallen bis ins letzte Detail bestimmenden ideellen oder nationalspirituellen Formwillen wieder, der von Anfang an über die riesigen Leinwände hinaus in die Wirklichkeit des sie umgebenden und durch die künstlerischen Modelle symbolisierten Landes und Volks strebte und zielte.

Es scheint, dass dieser Formwille in Krakau um die Mitte der siebziger Jahre des 19. Jahrhunderts durchaus nicht viel hatte, woran er anknüpfen konnte. Als Folge der österreichischen Annexion und der Unruhen von 1846 und 1848 war die Stadt zu einer unbedeutenden Provinzgarnison abgesunken. Genau in den Jahrzehnten, als andere europäische Großstädte die mittelalterlichen Mauern niederlegten, musste sie sich in das enge Korsett einer ausgedehnten modernen Befestigung hineinzwängen. Historische Fotografien zeigen die Tuchhallen als einen von armseligen und schmutzigen Anbauten völlig zugewucherten, mittelalterlich verkommenen und gleichsam versumpften Bau. Als hätte Kafka im »Schloß« mit der Schule des Dorfs in Wirklichkeit die Krakauer Tuchhallen vor ihrer historistischen Umgestaltung geschildert, waren die zunächst nur »ein niedriges, langes Gebäude, merkwürdig den Charakter des Provisorischen und des sehr Alten vereinigend«. Bürgermeister Dietl, der Historienmaler Jan Matejko, der Konservator Stanisław Tomkowicz und der Architekt Tomasz Pryliński gingen nun daran, die Renaissancefassaden des spätmittelalterlichen Zweckbaus von den Garküchen, Krambuden, Werkstätten und Lagerschuppen zu befreien, die sich im Lauf der Jahrhunderte um sie angelagert hatten. Die Tuchhallen wurden den künstlerischen und nationalpropagandistischen Zielen zugeführt, die Krakau für Polen und für die Sache der europäischen Freiheit und Kultur von jetzt an befördern sollte.

Für solche Restaurationsvorhaben standen zwei einander widersprechende europäische Vorbilder bereit. Die eher »künstlerische«, organisch eine vergangene Idee aus einer »Schau« heraus nachschöpfende Auffassung Viollet-le-Ducs, des legendären französischen »Inspecteur général des Monuments Historiques«, der das südfranzösische Carcassonne oder Notre Dame de Paris eher erfunden als wiederhergestellt hatte, einerseits. Und andererseits die britisch-pragmatische Auffassung John Ruskins, die nicht von einer in historischer Wesensschau zu erfassenden Idee ausging, sondern vom historisch gewachsenen Zustand, den die Gegenwart zu respektieren und zu konservieren habe. In der Geschichte des Restaurierens hat sich Ruskins Auffassung seither durchgesetzt.

Den Krakauer Kulturreformern jedoch musste um 1874 Viollet-le-Ducs Methode als das vollkommen selbstverständliche Verfahren einleuchten. Denn die Tuchhallen sollten gerade nicht konserviert werden, wie sie waren. Ihre ästhetische Verwahrlosung stand ja für politische Schmach und nationale Ohnmacht. Vielmehr sollte, unter den Augen der Okkupationsmacht, der ästhetische Schein auf dem Krakauer Marktplatz eine nationale Schwangerschaft oder Inkubationsperiode einleiten. Der Gedanke sollte hier die Wirklichkeit ergreifen. Auf der Leinwand der noch zu malenden Bilder; in der architektonischen Gestalt des ihn beherrschenden Gebäudes; auf dem weiten Platz, in der neu zu gestaltenden Stadt, schließlich, von diesem Modell inspiriert, in Polen und in ganz Europa. »Restauration – Le mot et la chose sont modernes«, hatte Viollet-le-Duc geschrieben. »Restaurer un édifice, ce n'est pas l'entretenir, le réparer ou le refaire, c'est le rétablir dans un état complet qui peut n'avoir jamais existé à un moment donné.«

Der politisierte Restaurationsidealismus Viollet-le-Ducs bestimmt die Selbstdarstellung Krakaus bis heute. Er ist die Quelle der Ausstrahlung, die von der Stadt ausgeht, die geistesgeschichtliche Ursache ihres überwältigenden Charmes ebenso wie ihres entsetzlichen Snobismus und ihrer selbstzufriedenen Provinzialität. 1874 sollte gerade von dem städtischen *terrain vague*, wo die Bindekräfte des polnischen Renaissancestaates in rettungslose Auflösung geraten waren – und wo andererseits die Gestaltungskraft des Habsburgerreichs nicht hinkam und durchdrang – ein neues nationales Formgesetz ausgehen.

Und wenn sich von den Zehntausenden von Touristen, die an Sommerwochenenden den Krakauer Hauptmarkt zu einem unwirtlichen, lächerlichen und fast nicht mehr begehbaren Ort machen, auch kaum einer in das Nationalmuseum in den Tuchhallen verirrt, reagiert ihre Begeisterung über das Krakauer Stadtzentrum dennoch unmittelbar auf die kommunal handelnde, aber national denkende Kulturpolitik des 19. Jahrhunderts, deren Programm die großen Leinwände von Matejko und Siemiradzki beschreiben. Die kulturelle Scheinschwangerschaft des 19. Jahrhunderts ist vom wirklichen Leben der Nation längst eingeholt worden.

Die heutigen Krakauer aber sind am Wochenende und an jenen zauberhaften galizischen Sommerabenden kaum mehr um die Tuchhallen zu finden. Als scheuten sie die definitive heutige Form und Aussagekraft dieses noch vor 150 Jahren scheinbar rettungslos aus dem Leim gegangenen Stadtzentrums. Als könnten die Bewohner seine Prägeenergie, von der jedes architektonische Detail und sogar sie selbst erfasst werden, sobald sie dort spazieren gehen, in ihrem Alltag nicht ertragen. Die vergnügungssüchtigen Twens sind in entfernte Seitengassen oder in die heute noch immer halb verwahrloste jüdische Vorstadt Kazimierz weitergewandert. Und mich selbst haben während sieben Jahren meine jeden Samstag oder Sonntag ausgedehnteren Stadtspaziergänge zum Schluss meist zu einem abgelegenen Café in eine der ehemaligen österreichischen Befestigungsanlagen geführt, hoch über der Stadt. Man erreicht die *kaviarnia* dort auf einer sanft ansteigenden Allee wie aus einem Gedicht Rainer Maria

Rilkes. Meist saßen dort nur alte Damen. Die Einrichtung war zu Beginn meiner Krakauer Zeit noch ganz realsozialistisch. Die Heizung funktionierte nicht besonders gut. Dort las ich die FAZ, die New York Review oder das Buch, das ich gerade in Arbeit hatte, an Nachmittagen einsamer Wochenenden, wenn die Dämmerung kam, der Schnee vor dem Fenster flog und die Formen der Stadt so brüchig wurden, dass ich den inneren Raum fand, mich ein paar Momente lang in meinen Träumereien selbst zu erfinden (mein Museum für private Scheinschwangerschaft).

Post aus der Alten Welt

Die Briefe des alten Mannes kamen in vierteljährlichen Abständen. Man erhält als Direktor eines Goethe-Instituts überraschend häufig Post von Menschen, die die Welt fundamental und final verbessern wollen. Herrn F.s Briefe aber unterschieden sich durch eine gewisse innere Kohärenz von denen der einfach nur Verfolgungswahnsinnigen oder denen der Propagandisten der Welteislehre, der Trotzkisten, der militanten Verfechter der Ayurvedamedizin. Auf den zweiten Blick schien mir sein Anliegen sogar eine unbestreitbare (wenn auch nur infinitesimal wichtige) Berechtigung zu haben. Diese Briefe waren mit einer elektrischen Schreibmaschine sehr säuberlich, unter Verwendung allerlei vorkriegshafter Höflichkeitsformeln in gewähltem und altmodischem Deutsch geschrieben. Äußerlich erinnerte nur die merkwürdig lückenlose Platzausnutzung an die Korrespondenzen der Paranoiker. Es scheint, dass die Hobby-Welterlöser sämtlich wie besessen sind von der inneren Notwendigkeit, das Papier ihrer Denkschriften und Aufrufe auf der Vorder- wie auf der Rückseite bis in jeden Winkel vollzuschreiben. Vielleicht, weil sie so viel mitzuteilen haben, dass ihnen jeder Quadratmillimeter botschaftslosen Papiers geradezu als ein Verbrechen erscheint. Oder zumindest als so etwas wie ein Gespräch über blühende Apfelbäume, während draußen der böse Weltlauf tobt.

Herr F. wies in diesen Briefen und mit Hilfe allerlei beigelegter Aufsätze, Notate, Memoranden und Denkschriften unwiderleglich nach und hartnäckig darauf hin, dass der »Duden«, das zentrale und bekanntermaßen sozusagen amtliche Handbuch der deutschen Rechtschreibung, zahlreiche Unstimmigkeiten, Ungereimtheiten, geradezu Fehler enthält. Eines der von Herrn F. bei seiner beharrlichen, offenbar über Jahre vorangetriebenen Durcharbeit des »Duden« zutage geförderten Ärgernisse bestand zum Beispiel darin, dass unter dem Stichwort »Narbonne« die Erklärung »französische Stadt« vermerkt war, unter »Lyon« jedoch – ganz unlogisch und ohne jedes System – »Stadt in Frankreich«. Oder war es umgekehrt? Ist doch auch völlig wurscht, sagt man sich, während man derlei Briefe kopfschüttelnd zur Seite legt und sich seinen Tagesgeschäften zuwendet. Wobei eine ganz kleine Irritation zurückbleibt. Hatten die vielleicht tatsächlich kein System für solche Dinge in der »Duden«-Redaktion? Schlamperei auf höchster Ebene? Und dann, indem man die Wahrnehmung vermeiden und abschütteln will, dass man in Wirklichkeit sich ansatzweise schon in ein fremdes Wahnsystem verwickelt, der ärgerliche und halb belustigte Ordnungsruf an sich selbst: Ist doch weiß Gott egal! Womit verschwendet der hier meine Zeit! Undsoweiter.

Herrn F. aber war es eben nicht egal. Das war sein Problem. Ein Problem, in dem zugleich auch eine unbestreitbare (wenn auch eigenartig wertlose) Überlegenheit lag. Er wusste da eben tatsächlich Dinge, die sonst keiner wusste und die ganz allein er, Herr F., herausgefunden hatte. Warum, fragte er bei der »Duden«-Redaktion mit Durchschrift an mich zum Beispiel bohrend nach, war in der 21. Auflage das Stichwort »Hitler« als »deutscher Politiker« erklärt, das Lemma »Churchill« jedoch bloß als »britischer Familienname«? Ein ähnlicher Bruch in der Logik, an den ich mich nur noch verschwommen erinnere, ergab sich im Fall »Stalin«, wobei das Bild sich noch auf komplizierte Weise verdüsterte, wenn man sich gewisse Entwicklungen der Sachlage von der 18. über die 21. zur heute gültigen Auflage vor Augen führte. Wozu Herr F. in seinen beharrlich-regelmäßigen Briefen den Direktor des Goethe-Instituts Bratislava in gewähltem, höflichem und altmodischem Deutsch anhielt. Denn die »Duden«-Redaktion ließ ihm, wie er befremdet und resigniert anmerkte, seit Jahren keine befriedigenden Antworten mehr zukommen.

Auch seine Briefe an mich waren lange Zeit ohne Erwiderung geblieben. Die auf sie folgenden und bezugnehmenden Telefonanfragen begannen im heißen Juni 2006. Der hat mir gerade noch gefehlt, denkt man leider unwillkürlich, wenn die ratlose und fast ein bisschen verzweifelte Sekretärin den Direktor des Goethe-Instituts darauf hinweist, dass Herr F. seit gestern schon zum fünften Mal und heute bereits dreimal angerufen habe und ob man denn wüsste, wo dessen Sendung vom

14. April hingekommen sei. Sie könne sie in der Ablage beim besten Willen nicht finden, und gerade auf die Sendung vom 14. April erbitte Herr F. nun dringend eine Reaktion. Seufzend, resigniert und ein bisschen schuldbewusst (das fehlende Memorandenkonvolut konnte ja tatsächlich wieder mal nur ich selbst verschusselt haben) ließ ich Herrn F. bei seinem nächsten Anruf dann tatsächlich zu mir durchstellen. Es war gleich klar, dass ich einen geradezu sensationell alten Mann am Telefon hatte. Zunehmend schuldbewusster stellte ich fest, dass mich seine Stimme, die zugleich sehr kultiviert und gentlemanlike klang, leider an nichts so dringend gemahnte wie an die Redeweise des senior associate von George Clooney in dem Coen-Brothers-Film »Intolerable Cruelty.«

Denn sehr alte Männer flößen solchen, die sich an der Schwelle zum Alter befinden, ein unbestimmtes Grauen ein. Der drachenartig greisenhafte Besitzer der Kanzlei erinnert den eleganten, nicht mehr ganz jungen Scheidungsanwalt, den Clooney in »Intolerable Cruelty« spielt, mit einer Aufzählung geschäftlicher Erfolge (während ihm der gefüllte Gummischlauch eines künstlichen Blasenausgangs aus der Weste hängt) an die Vergänglichkeit des Erfolgs. Soviel dazu. Selbstverachtung aufgrund dieser respektlosen Assoziationen wird es jedenfalls gewesen sein, die mich, auf Herrn F.s wiederholte und dringliche Einladung hin, schließlich dazu bewogen haben, ihn einmal zu besuchen. Er könne leider selbst gar nicht mehr aus dem Haus. Und er wolle nur einmal mit jemandem darüber reden, ob er »im Kopf überhaupt noch auf der richtigen Spur« sei, sagte er mit seiner ein wenig nach Luft ringenden Uraltmännerstimme, was mich rührte. So ließ ich mir die Adresse nennen, wo ich tags darauf klingelte – wie sich herausstellte, in Sichtweite meiner eigenen Wohnung.

In einem sauber gefegten Treppenhaus aus der Zwischenkriegszeit stieg ich auf bräunlich-weißgesprenkelten Terrakottastufen empor. Eine sehr sorgfältig frisierte alte Dame in einem altmodisch geblümten Sommerkleid (war es aus Seide? Oder nannte man diesen gespinstartigen Stoff »Tüll«?) wartete auf dem obersten, dem fünften Treppenabsatz, mich freundlich tadelnd: Ich hätte bei dieser Hitze doch wirklich besser den Aufzug nehmen sollen. Ihr Deutsch war von einer Färbung, die ich regional oder landsmannschaftlich nicht zuordnen konnte. Und wirklich schien mir, als ich, mich für eine gewisse Verspätung entschuldigend, in den dunklen Flur trat und der Hausherr, in einem Rollstuhl sitzend, mir eine besorgniserregend abgemagerte, aber überraschend kräftige und vollkommen trockene Hand hinstreckte, als kämen die Stimmen dieses Paars aus einer untergegangenen Zeit. Jetzt verflochten sie sich zu einem gut eingespielten konventionellen Duett: Die beiden alten Leute woben bedachtsam ausgearbeitete Gesprächsgirlanden, zelebrierten Einladungsfloskeln, zogen menschenfreundliche Erkundigungen nach dem Befinden des Gasts ein. Und mir kam es vor, als spräche man nur noch im Land der Vergangenheit so sorgfältig, zittrig, schwankend und mühsam wie dieses idyllische Paar.

Braun war der herrschende Farbeindruck des kleinen Wohnzimmers. Nachmittagssonne, die einen Lichtbalken durch die weit zugezogenen Vorhänge bis in einen entfernten Winkel schickte, erhellte es sommerlich dramatisch, fast mediterran. Von einem helleren Braun waren die Einbände der deutschen, englischen, ungarischen und slowakischen Bände in den dunkelbraunen Regalen. Tiefbraun war das Fischgrätparkett des frisch gekehrten Holzfußbodens und wieder anders braun der grobmaschige Bezug des breiten Schlafsofas, neben dem ich vor einem Holztisch in einem braunen Sessel aus den fünfziger Jahren platziert wurde, zu Seiten eines Klaviers, über dem eine künstlerische Textilarbeit hing, in abstrakten oder expressionistischen Formen. Vor dem Fenster rauschte der Nachmittagsverkehr. Die quietschend, geradezu schreiend, in die Kurve biegenden altmodischen Straßenbahnen von Bratislava nehme ich in meinem (um einiges höher gelegenen) Wohnzimmer auf der gegenüberliegenden Seite der weit geöffneten städtischen Brachlandschaft nur als gedämpftes Hintergrundgeräusch wahr. Hier unten ließen sie den Fußboden erzittern. Auf Glasborden standen Topfpflanzen vor einem Fenster, durch das ich hinausschaute. Sommerliche Passanten frequentierten den Eingang in das »Tesco«-Kaufhaus. Ein chromblitzender Geländewagen mit einer auffälligen Werbeaufschrift wurde von einem braungebrannten Muskelmann aus einer Ausfahrt gesteuert. Als ich mich wieder ins Zimmer umwandte, saßen der alte Mann und seine (wohl viel jüngere) Frau wieder in ihren zwanziger oder fünfziger Jahren.

Herr F. ist so gut wie taub, weshalb ich mich in den nun folgenden anderthalb Stunden darauf beschränkte, ein möglichst interessiertes Nicken oder Kopfschütteln an den Tag zu legen. Brav aß ich das mir von Frau F. gebrachte Schokoladeneis und betrachtete die durch Klarsichtfolien geschützten Dokumente, die Herr F. mir zur Illustration seines nun folgenden Monologs anreichte. Dabei beobachtete ich mich erstaunt dabei, wie mein anfangs gespieltes Interesse bald in wirkliche Faszination, Bewunderung und Sympathie für den – wie ich jetzt erfuhr: 92-jährigen – Mann überging. Sauber gewaschen, ordentlich gekleidet, mit einem gebügelten Schnupftuch versehen saß er in seinem Rollstuhl vor mir, nach der Art tauber Menschen viel zu laut sprechend, und suchte alle paar Minuten schlingernd in den offenbar vier ihm geläufigen Sprachen nach einem vergessenen Ausdruck.

Es wurde dann sehr schnell klar, dass Herrn F.s »Duden«-Obsession eigentlich nur ein kommunikativer Vorwand war. Dem seit dreißig Jahren pensionierten Mann kam es darauf an, sich mit den Weltläuften, vor allem aber mit Vertretern der Ordnung und Hierarchie des *Kulturellen* in irgendeine Verbindung zu bringen. Wie unabdingbar es ihm zu sein schien, sich seinem Gesprächspartner gegenüber gerade auf diesem Feld richtig und ordnungsgemäß zu positionieren, wurde deutlich, als Herr F. zum Auftakt seines eigentümlich richtungslosen Monologs (in dem, wie mir bald klar wurde, trotzdem nichts weniger als eine vergessene Geschichte des letzten Jahrhunderts zum Ausdruck kam) die Ablichtungen nicht nur seiner eigenen Schulzeugnisse, sondern auch einiger seines Vaters hervorholte. Sie waren um das Jahr 1875 herum, vielleicht noch mit dem Gänsekiel, mit graziösen, spinnenbeinzarten Fadenstrichen beschriftet und bescheinigten dem Vater (wie die späteren dem Sohn) in allen Fächern geradezu deprimierend hervorragende Noten. Die zarte und gepflegte Haut über dem abgemagerten Schädel des alten Mannes spannte sich unter den Deutlichkeitsanstrengungen des weit aufgerissenen Mundes, und beschwörend aufgerissen waren auch die grauen, intelligenten, ganz klaren Augen in seinem scharfkantigen Gesicht, während er mir ein Schriftstück lang vergangener Schulautorität nach dem anderen vorlegte.

Ein bisschen entschuldigend war sein Ton, als er die Schilderung seiner Schulkarriere mit dem Geständnis begann, in den ersten beiden Jahren seiner Schulzeit sei er bloß von einem österreichischen Hauslehrer unterrichtet worden. Das sei noch in einer damals recht bedeutenden Donauhafenstadt des Banat gewesen. Die bräunliche Fotografie einer zweistöckigen Dienstvilla im Stil der Neorenaissance erschien. Das große Haus stand, formenbeladen und wahnsinnig, auf einer kleinen Anhöhe unmittelbar hinter allerlei Röhrentürmen, Tanks, Bürogebäuden einer raffinerieartigen Anlage im Vordergrund. Dorthin, nach O. in die rumänische Provinz, sei sein Vater zu Beginn der zwanziger Jahre aus K., einem Städtchen nördlich von Prag, versetzt worden. Eine große, unerwartete Chance für den noch sehr jungen Geologen, der bald einer der führenden Fachleute des Erdölförderungswesens im österreichisch-ungarischen Reich werden sollte. Erst mit elf, sagte Herr F., sei er mit seinen Eltern und seinem Bruder von diesem idyllischen Außenposten der Industrialisierung nach Bukarest übergesiedelt, in die Hauptstadt des Königreichs Rumänien, die damals mit ihren Boulevards, Verwaltungspalästen, Parks und Stadtchateaux wie eine südlich-provinzielle Version des städtebaulich noch immer maßgebenden Paris gewirkt haben muss. Das neubarocke Stadthaus, in dessen Fassade mir Herr F. das Fenster seines Kinderzimmers mit einem zitternden Finger aufwies, stehe nicht mehr. Erst hier, in Bukarest, habe er eine richtige Schule besucht. Dort sei nicht nur Rumänisch gesprochen worden (was er schnell lernen musste), sondern auch viel Französisch (das ihm vom Hausunterricht her schon geläufig war). Auch das mit verschlungenen Schriftzügen, Stempeln und allegorischen Frauengestalten verschwenderisch ausgestattete Zeugnis dieser internationalen Anstalt bescheinigte dem jungen F. ausnahmslos höchstes Leistungsniveau und zudem ein mustergültiges Betragen.

Der berufliche Erfolg und das rasch sich internationalisierende Renommee seines Vaters habe weitere Schulwechsel nach sich gezogen. »Nach Verpachtung der Raffinerien an den Creditul Minier wurde ihm 1927 die Leitung der Abteilung für Erdölapparatebau der Maschinenfabrik V. in Bukarest übertragen«, würde ich über den Vater meines Gastgebers dann später in einer Zeitschrift namens »Tägliche Berichte über die Petroleumindustrie« aus dem Jahr 1936 lesen, die damals, als es noch eine ernstzunehmende europäische Erdölindustrie gab, in Wien und Berlin erschien und Mitte der dreißiger Jahre offenbar auch über jüdische Wirtschaftsfunktio-

näre noch biographische Notizen veröffentlichte. »Ab
1933 arbeitete er in der gleichen Eigenschaft bei der Maschinenfabrik M. in Bukarest. Gleichzeitig war er Kon-
sulent zahlreicher Erdölgesellschaften in Rumänien. Direktor F. hat in den letzten Jahren auch die Projekte für
die Raffinerien der Firma Bat'a in Zlín und der Petrolea
A.-G. bei Prag entworfen und den Bau dieser Anlagen
überwacht. Nunmehr wurde er zum Bau und Betrieb der
neuen tschechoslowakischen staatlichen Mineralöl-Raf-
finerie berufen.«

Im Nachhinein fand ich es unverzeihlich von mir. Be-
fangen in meinen Büroangelegenheiten, wie die unabläs-
sige tägliche Beschäftigung mit derlei einen nun einmal
macht, hatte ich offenbar einen schriftlichen Abriss der
Familiengeschichte übersehen und innerlich abgewehrt,
den Herr F. einer seiner ersten »Duden«-Kritiken bei-
gelegt hatte und den er mir in seinem kleinen braunen
Wohnzimmer, während draußen die Straßenbahn in
ihren alten Schienen kreischte, jetzt noch einmal über-
reichte (»Das kann ich Ihnen widmen«, sagte er dazu,
in der Bedeutung von: »Das können Sie mitnehmen«).
»Eine Sonderbeilage zur Dudenkritik« ist dieses mit Hilfe seiner elektrischen Schreibmaschine erstellte Schriftstück überschrieben. Wie Herr F. erzählte, hatte er den
Apparat zu seinem neunzigsten Geburtstag von seiner
Frau und seiner Tochter geschenkt bekommen. »Anfangs
hatte ich einige Schwierigkeiten damit umzugehen, aber
schließlich habe ich es doch noch erlernt«, erklärte er mit
einiger Förmlichkeit. Und im Geist der nonchalanten
Ironie, mit der Herr F. auch im Gespräch sein Umgetrie-

bensein von den Fehlleistungen des »Duden« behandelte,
ist jene biographische Miszelle mit dem parodistisch barocken Untertitel versehen: »Wie und warum ich Duden-
kritiker und danach ›dudenkritik-süchtig‹ wurde.«

»Zum Lebenslauf meines Vaters K. F. wäre noch zu er-
gänzen, dass er 1886 als eines von 9 Kindern einer klein-
bürgerlichen tschechisch-jüdischen Familie in der tschechischen Kleinstadt K. (siehe Landkartenausschnitt) das
Licht der Welt erblickte. Kurz bevor K. F. den neuen
Posten als technischer Direktor der Mineralölraffinerie
bei der Stadt O. antrat, ehelichte er eine der vier Töchter
deutschsprachig-jüdischer Eltern aus dem unweit gelegenen nordböhmischen Heilbad T. Die Stadt O., eine
Hafenstadt an der Donau, und das umliegende Gebiet mit
der Raffinerie gehörten bis zum Ende des 1. Weltkrieges
zur Österreich.-Ungar. Monarchie und wurden erst danach aufgrund der Friedensverträge dem Königreich Rumänien zugeteilt. Dir. F. konnte jedoch ganz ungehindert
auf seinem Posten verbleiben, natürlich zusammen mit
seiner Familie, zu der bereits zwei Söhnchen gehörten.«

Es ist zugleich erschreckend und auf eine schwer zu be-
stimmende Weise rührend, dass Herr F. den letztgenann-
ten Umstand eigens und mit diesem implizit angedeu-
teten Dank an die Adresse des Königreichs Rumänien
erwähnt. Es ist ja schon 1918 vor allem für Juden nicht
selbstverständlich gewesen, was uns inzwischen als das
einzig Mögliche und Denkbare erscheint. Dass nämlich
legal und als hochgeschätzte Experten in einem Staat
lebende und arbeitende Ausländer nach einem Regie-

rungswechsel nicht kurzerhand irgendwohin deportiert werden. In Sichtweite dieses erschütternden Danks für das Selbstverständliche rangieren schon die mit Menschen gefüllten Viehtransportzüge, die zwei Jahrzehnte nach dem Ende des Ersten Weltkriegs Tage, Nächte und Jahre lang nach Polen gefahren sind. »Der zweite Sohn erblickte das Licht der Welt knapp vor Ausbruch des 1. Weltkrieges in einem Wohn- und Bürogebäude direkt auf dem Gelände der Raffinerie, wo die Familie – wie auf einer Oase des Friedens – ganz unbeschadet überleben konnte.« Aber auch auf diese friedliche Lichtung und in die Fenster des gediegenen Villengebäudes auf der vergilbten Fotografie sehen die Desaster, Dämonen, Capriccios und Ungeheuer der (inzwischen von den Brüdern Chapman übermalten) Lithographien Goyas hinein. Und besonders der Schluss des gerade zitierten Satzes wirkt wie aus einem der geradezu zum Tode verurteilten Friedensbilder in W. G. Sebalds Büchern.

»Doch nochmals zurück zum Lebenslauf meines Vaters. Er entsprach seiner erwähnten Berufung und übersiedelte Mitte 1936 mit seiner Familie von Bukarest in die Slowakei, wo auf einem brachliegenden Ackerfeld in der Nähe des ganz kleinen Dorfes D. unter seiner Leitung bis Ende 1938 eine Mineralölraffinerie betriebsbereit aufgebaut wurde, dazu gleich nebenan auch eine Wohnkolonie für etwa ein Dutzend Familien. Aber schon bald danach zerfiel die Tschechoslowakische Republik in 2 Teile, und auf dem Gebiet der Slowakei entstand im März 1939 der ›Slowakische Staat‹ von Hitlers Gnaden.« Die Dämonen sind unter der Hand bis auf Tuchfühlung nähergerückt,

Familie F. spürt ihren Atem; sie sind fast allmächtig geworden und haben in den stärksten Staaten Europas die Staatsgeschäfte übernommen, eifersüchtige, launische, todbringende, unverantwortliche, geisteskranke Hysteriker. »Aber F. durfte trotzdem als Direktor der neuen Raffinerie verbleiben und sogar seine beiden Söhne dort arbeiten lassen, so dass alle drei als ›wirtschaftswichtig‹ anerkannt werden konnten, wodurch diese 3 Männer, ebenso wie ihre bereits angetrauten bzw. künftigen Ehegattinnen vor der Deportation geschützt wurden und ihr Alltagsleben von den geltenden slowakischen ›Rassegesetzen‹ (strenger als die Nürnberger) nur in ertragbarem Ausmaße beeinträchtigt wurde.«

Das waren dann schon die Gesetze des vom Reichsprotektorat Böhmen und Mähren abgespaltenen, zum ersten Mal in der Geschichte juristisch selbständigen slowakischen Staatswesens, dem der katholische Geistliche Jozef Tiso vorstand. Das Deutsche Reich begann jetzt unmittelbar am Südufer der Donau, in Sichtweite der Hauptstadt Bratislava. Die deutschen Machthaber steuerten das in jeder Hinsicht vollkommen abhängig gehaltene Land mit einer riesenschlangenhaften wirtschaftlichen Umarmungstaktik. Mit dem Zwang zur Heerfolge bis an die russische Süd- und Kaukasusfront, wo zwei slowakische Divisionen operierten. Mit Hilfe einer Kompanie von »Beratern« für jeden denkbaren Lebensbereich und eben auch für »Rassepolitik«. Die Strategie, die der Familie F. das Leben rettete, scheint für den Umgang der Tiso-Slowakei mit dem Hegemon im Westen typisch gewesen zu sein. Man gebärdete sich auf dem geduldigen

Papier der Gesetzbücher noch unmenschlicher und radikaler als Heinrich Himmler – um die antijüdischen Demütigungs- und Mordregularien in der Lebensrealität dann mit einer Art menschenfreundlichen Schlamperei (und in wohlverstandenem Eigeninteresse) weidlich auszubremsen.

»Anfangs 1942 musste Direktor F. seine Funktion einem politisch verlässlicheren ›Nichtfachmann‹ übergeben und ihm als ›technischer Berater dienen‹. Aber ansonsten gab es nicht nur keine ungünstigen Veränderungen, sondern sogar insofern zwei freudige Ereignisse, als beide F.-Söhne im Verlaufe des Jahres 1942 jüdische Mädchen ehelichten, um sie vor der drohenden Deportation nach Polen zu retten. Im weiteren Verlauf blieb das Gebiet der Raffinerie vom Kriegsgeschehen verschont, jedoch im August 1944 wurde sie zur Zielscheibe einer alliierten Flugstaffel und dabei schwer beschädigt, jedoch nicht gänzlich zerstört. Beschädigt wurde dabei auch das Wohnhaus der Familie F., aber Personen kamen, zum Glück, nicht zu Schaden, und das Haus war bald wieder bewohnbar.« Die Frau, die dieser tapfere, optimistische und offenbar unzerstörbare Mann 1942 geheiratet und damit gerettet hatte, setzte sich, nachdem sie im Flur ein jungmädchenartig ausführliches Telefongespräch beendet hatte, noch ein bisschen zu uns, machte ein paar hausherrinnenhaft beiläufige Bemerkungen über das heiße Wetter und fragte mich, auf sehr weibliche Weise zugleich neugierig und diskret, ein wenig über meine persönlichen Bewandtnisse aus. Es sei doch gut, meinte sie schließlich fast entschuldigend, dass ihr Ehemann in seinem Alter noch ein so intensives Interesse an der Vergangenheit und an den Inkonsistenzen des »Duden« habe.

Aber ich hatte längst begriffen, dass die Dudenkritik für Herrn F. eher eine Art Konzeptkunst war als eine der wirklich pathologischen Überzeugungen und Leidenschaften jener anderen Weltverbesserer und Sektengründer. Der alte Mann war dann auch gleich der Erste, der die nur ganz vorsichtige Art und Weise, in der seine Frau seinen »Duden«-Furor ironisierte, zur augenzwinkernden Karikatur aufblies. »Gefährlich ist's den Leu zu wecken«, krächzte er nach langem komödiantisch-ostentativem Suchen in seinem Gedächtnis (den Kopf gespielt verzweifelt in die offene Hand geworfen; mit aufgerissenem Mund in die Höhe blickend), »Gefährlich ist des Tigers Zahn. / Doch der schrecklichste der Schrecken / Ist der Dudenkritikwahn.« Und ein Lachen, in dem man den fröhlichen und furchtlosen jungen Mann von 1942 einen Moment vor sich sah, schüttelte den abgemagerten und fast schon ruinierten Körper in seinem Rollstuhl.

»Im September und Oktober 1944 gab es den sog. ›Slowakischen Nationalaufstand‹, der sich aber von der nächsten Nähe der Mineralölraffinerie fernhielt, doch Ende Oktober wurde dieser schon von der Deutschen Wehrmacht in der ganzen Slowakei niedergeschlagen, und da gab es für die ›Rassenminderwertigen‹ kein Entrinnen mehr. Trotzdem überlebten alle 5 F.-Angehörigen die folgenden 5 Wintermonate 1944/45 zwar unter sehr schlimmen Bedingungen, aber dank der Hilfe guter Menschen und Gottes Gnade, mit heiler Haut und konnten Ende März in das Wohnhaus bei der Raffinerie zurückkehren.« Was in diesen beiläufigen Bemerkungen des Lebensabrisses von Herrn F. eher kursorisch übergangen als geschildert wird, hat er mir anhand einer Fotografie des an einem Gebirgshang gelegenen Dorfes dann genau erläutert. Es handelte sich um nichts anderes als um das komplette Verschwinden der gesamten Familie F. aus ihrem Haus, aus dem Dorf und aus dem Blickfeld der SS-Einsatzgruppen, die jetzt im ganzen Land ihre Menschenbeute suchten, um sie in die Vernichtungslager des »Generalgouvernements« Polen zu schleppen – es habe dort oben verlassene Berghütten gegeben (wieder das fast ungeduldige Pochen des Fingers auf eine Fotografie); später am Computer das Bild einer gründlich nichtssagenden Mittelgebirgsgegend auf einer der Webseiten, mit denen inzwischen auch mittelslowakische Landgemeinden Wandergäste anlocken.

Dort irgendwo hielten sie sich im letzten Kriegswinter versteckt. Menschen aus dem Dorf brachten ihnen Essen und hielten dicht, wenn die SS kam. Die F.s müssen sich in diesem Dorf, während sie die heute längst aufgelassene und abgerissene Raffinerie errichteten und betrieben, viele und treue Freunde gemacht haben. Feuer anzünden konnten sie nicht. Der aus dem Wald aufsteigende Rauch hätte sie verraten. Die deutschen Einsatzgruppen »durchkämmten« die Gegend mehrmals (die noch im Grausen irgendwie amüsierte Verwunderung über so viel Dummheit und Bosheit, mit der Herr F. diesem Wort eine besondere Aussprache gab). Aber Familie F. hatte Glück. Nach dem Krieg sei man nach Bratislava gezogen, und er habe noch einmal studiert und sei Elektroingenieur geworden. Ein Kompromiss, meinte er achselzuckend und ein bisschen wegwerfend. In dem wissenschaftlichen Forschungsinstitut für Leitungs- und Isolationstechnik, dessen Mitarbeiter Herr F. dann wurde, habe kein »scharf kommunistischer« sondern eher ein »vernünftiger« Geist und Umgangston geherrscht. Er sei auch mehrmals zu Konferenzen im Ausland gewesen. Der bewunderte Vater (der leider viel geraucht habe) sei jung gestorben. Die Tochter. Ein Enkelkind. Die Jahre seien vergangen. Vor dem Fenster habe sich seither so viel verändert.

Aber in dieser Wohnung war die Zeit seit den fünfziger Jahren stehengeblieben. In den Stimmen, Umgangsformen und Haltungen der beiden alten Leute schon seit viel längerer Zeit. Wenn ich jetzt von meinem Laptop aufsehe, kann ich durch mein Dachfenster hinüberschauen zu den zwei Fenstern des schmucklosen Apartmenthauses aus der Zwischenkriegszeit. Es beruhigt mich, wenn das rechte Fenster der F.s (das von Pflanzen nicht zugestellte) am Morgen immer um die gleiche Zeit zum Lüften offensteht und wenn ich abends das Flackern des Fernsehers oder den Schein einer Leselampe erkennen kann. Ganz verstanden habe ich die Flaschenpost nicht, die Herr F. mir durch die Wellen der Welt über den Platz des Slowakischen Nationalaufstands hinweg hierher in mein Dachgeschoss geschickt hat, wo ich vor und nach der Arbeit in meinem Lese- und Schreibsessel sitze. Aber der Schein aus seinem Wohnzimmer tröstet mich, wenn der Abend kommt, und am Morgen freue ich mich darauf, das Fenster drüben offen zu sehen. Es gibt einen

Zusammenhang zwischen Herrn F.s lustig selbstironi-
scher, souverän altersnärrischer »Duden«-Konzeptkunst
und dem Leben, das er geführt hat.

Vielleicht insofern, als man beides interpretieren kann als
einen Beweis dafür, dass ohne Freundlichkeit, Bildung,
Kultur, Umgangsformen, ohne die Ehe das Leben in so
schwierigen Zeiten wie dem 20. Jahrhundert nicht gelingen kann. Oder eigentlich überhaupt nie. Vielleicht finde
ich es tröstlich, dass für Herrn F. deutsche Lexika und
Kulturinstitute offenbar Institutionen darstellen, denen
man sich in dieser kindlichen, unerschöpfliche immate-
rielle Autorität unterstellenden Weise nähern kann. Dass
man sie kritisieren, ihnen auf die Nerven gehen, sie ernst
nehmen kann, wie man eine Kirche ernst nimmt, die Aca-
démie Française oder ein großes Nationalmuseum. Und
dass Herr F. diese Lexika und Kulturinstitute zugleich in
genau der Weise nicht ernst nimmt, wie sich man eben
über eine Kirche, ein Nationalmuseum oder eine Akade-
mie aufregt oder lustig macht. Es bleibt sozusagen in der
Familie. Wohl am tröstlichsten ist es jedenfalls für mich,
dass gerade für Herrn F. die deutsche Sprache heute in-
teressanter ist als die deutschen Verbrechen, denen er als
junger Mann fast zum Opfer gefallen wäre. Und je länger
ich über ihn und unser Gespräch nachgedacht habe, desto deutlicher wollte mir scheinen, dass Herr F. in seiner
kleinen, braunen, sauberen Wohnung über dem Platz
des Slowakischen Nationalaufstands seit fünfzig Jahren
im sicheren und nie in Frage gestellten Besitz von etwas
war, das überall sonst schon fast verloren gegangen ist.

Das Reich

Die Alte Welt hat Landschaften und Städte aneinander gebunden, die uns heute durch geradezu amerikanische Distanzen voneinander entfernt vorkommen. Aber in Wirklichkeit sind diese Gegenden, immer schon und heute noch, kulturell, geographisch, meteorologisch einander näher, als es unserem durch die politische Nachkriegsordnung geschulten Raumgefühl nachvollziehbar ist. Unser »europäisches Körperschema« kann die Konferenzen von Jalta, Teheran und Potsdam noch nicht vergessen.

So bin ich jahrelang an Wochenenden ein wenig nördlich von Krakau, im Ojców-Nationalpark, spazieren gegangen. Am Abbruch des labyrinthisch weitläufigen, tief in die Hochfläche des polnischen Jura eingeschnittenen Canyon rauschten die Eichen. Seltsam menschen- und manchmal irgendwie vampirähnliche Wacholderbüsche standen vor knochenweißen Kalksteinfelsen. In jeder Jahreszeit ist dieses Tal überraschend und rührend. Der kleine Fluss, eigentlich nur ein Bach, strömt an Wiesen, Renaissanceschlössern, gotischen Burgen, Höhlen, Holzhäusern und überwachsenen Zäunen vorbei. Den Mittelpunkt des langgezogenen Schluchtensystems, das der polnische Staat als Nationalpark klassifiziert hat, bildet der eigentliche Ort Ojców, eine verstreut, fast ein bisschen verloren wirkende Ansammlung von Holzhäusern, geschart um eine mittelalterliche Burg (sie sicherte den Fernhandelsweg, auf dem Salz aus Krakau nach Schlesien transportiert wurde und von dort weiter nach Westeuropa). Mit ihren elaborierten Veranden, Schnitzereien, Schindeln und Windfängen sehen diese Holzvillen aus wie in die Landschaft gewürfelte Schauplätze ebenso vieler Tschechow-Stücke.

Und tatsächlich steht am Giebel des ehemaligen Hotels »Pod Kazimierzu«, in dem wir so oft eingekehrt sind, dieser Name des Hauses nicht nur in lateinischen, sondern auch in kyrillischen Buchstaben, säuberlich restauriert. Hier war, als das Hotel gebaut wurde, schon Russland. Die Polen der russischen Teilungszone hätten, um in die traditionellen Bergbäder von Zakopane zu fahren, die Grenze zwischen zwei Reichen überqueren müssen: Die Tatra lag schon in Österreich-Ungarn. Deshalb entstand auf der russischen Seite ein Luftkurort für die polnischen Untertanen des Zaren. Lenin, der nach 1907 ins Exil gehen musste, verlegte vor dem Ersten Weltkrieg (dem Ende der Alten Welt) den Redaktionsort der »Iskra« nach Krakau. Hier konnte er unmittelbar vor den Grenzen des Reichs, das er bald stürzen würde, mit seinen Spähern, Kurieren, Büchern, Thesen und Manifesten Hof halten. Natürlich gab es in seiner ehemaligen Wohnung bis 1989 ein Lenin-Museum, von dem heute niemand mehr etwas gehört haben will. Aber auch Stalin hat in der südpolnischen Stadt, die ein exterritorialer Schauplatz des »Großen Oktober« oder zumindest seiner unmittelbaren Vorgeschichte ist, ein paar Monate zugebracht. Von der Stadtgrenze waren es noch acht Kilometer bis auf russisches Staatsgebiet.

Von Krakau aus sind wir jeden Sommer mit dem Auto, über Brünn, Bratislava, Graz und Ljubljana nach Poreč gefahren, über fünf Grenzübergänge in den südlichsten Zipfel des untergegangenen Österreich-Ungarischen Riesenreichs, an die Adria. Im Morgengrauen brachen wir an der ehemaligen russischen Grenze auf. Meist am selben Abend schon saßen wir, im Schein der letzten Sonne, auf der Terrasse unseres Lieblingsrestaurants am Meer, auf das Möwen schreiend hinausflogen. Ein leuchtender Pfad aus goldenen Funken reichte bis an den Horizont (ins Unendliche), und die Nacht kam. Dann eine Woche lang Baden, Lesen, Reden, Bräunen im Halbschatten eines lichten Kiefernwaldes an der Bucht vor der Stadt, wo fast nur Einheimische lagern. Das gelegentliche Bier, der Kaffee nach dem Sandwich in einer kleinen improvisierten Strandbar, wo uns enthusiastische junge Ferienarbeiter aus Zagreb bedienten und mit dir flirteten. Vor uns stand die Skyline der mittelalterlichen Stadt im Sonnenlicht. In der Mittagshitze rückte sie weit in die Entfernung. Am späten Nachmittag dann wieder war sie uns fast unheimlich nah gekommen und plastisch ausmodelliert, während die Schatten länger wurden und wir uns überlegten, ob wir lieber einen Abend in unserem Apartment verbringen wollten oder in der Stadt essen gehen.

Ein bahnhofshallenhoher und -langgstreckter Granit-bau mit einer niedrigeren Apsis, daneben ein fast banal einfacher spitzer Turm, das Rund einer zweiten Apsis mit großen Fenstern zum Meer hin – nichts Bemerkens-werteres sind, von unserem Ferienstrand aus gesehen, die Basilika und der Bischofspalast des heiligen Eusebios. Im sechsten Jahrhundert hat kein Geringerer als der ost-römische Kaiser Justinian im fernen Konstantinopel dem Bischof von Poreč zur Pracht seiner Residenz gratuliert. Venedig war damals nur Sumpf; Poreč aber gehörte zum Oströmischen Reich, das hier die Barbaren eine Weile lang von Meer und den ehemaligen römischen Häfen fernhalten und sogar den Westen noch einmal zurück-erobern konnte. Mit seinen Mosaiken, Säulen, Okto-gonen und Apsiden erhebt sich der kostbare Komplex auf den Grundmauern eines römischen Bürgerhauses. Inmitten der Wirren, Gegenkaiser und Gräuel des drit-ten Jahrhunderts ist eine Christengemeinde hier um den dann bald hingerichteten und heilig gesprochenen St. Maurus zusammengekommen. Wenn man durch die im Sonnenlicht strahlend weißen Mauern der Höfe und Säle gegangen ist und aus den heilig goldglänzenden Finsternissen der Basilika und der Taufkapelle wieder in die engen kopfsteingepflasterten Straßen tritt, kann man ein paar Schritte zur Spitze der Insel tun, wo unter gro-ßen Pinien die Trümmer des römischen Forums und eines Neptuntempels vergessen daliegen.

Ein klassizistisches Palais wie aus einer Eichendorff-
novelle sieht aus leeren Fenstern aufs Meer. Wind fährt
in Pinien. Hühnerhabichtgroße Möwen schweben zwischen Land und See. Vielleicht fahre ich deshalb so
gern im Sommer nach Poreč, weil mir all die Jahre hindurch bei jedem Aufblicken aus meinem Buch oder über
meinem Espresso (in jenem Strandcafé in der Bucht gegenüber der Eusebiosbasilika; im Zurückdenken an mein
Leben und meine Krakauer Wohnung an der früheren
russischen Grenze) die verrückte und kitschige Idee
fast obsessiv in den Sinn kam, als könnte ich mich hier
mit meinem Buch, meiner Sonnencreme, meiner Base-
ballmütze, meinem gebräunten Sommerferienbäuchlein
(die vielen wunderbaren Fischgerichte zum istrischen
Malvoisier) manche Momente lang einbürgern in eine
greifbare Erfahrungstradition (ein Reich), die über das
19. Jahrhundert zurück bis ins dritte reicht und von
Moskau bis nach Konstantinopel.

Terrain Vague

Man kann Bratislava, so alt die Stadt ist, ebenso gut
als eine ganz neuzeitliche Erfindung ansehen. Schon
der Name der früher auf Ungarisch Pozsony und auf
Deutsch Pressburg geheißenen Siedlung ist nicht historisch, sondern erst 1919 irgendwie aufgetaucht und an-
genommen worden. Manche sagen, der amerikanische
Präsident Woodrow Wilson sei damals auf ihn verfallen
und habe ihn in wichtige internationale Dokumente als
Erster hineingeschrieben. Andere machen den Sprach-
wissenschaftler, Historiker, Dichter und Erfinder der
slowakischen Nation Pavel Jozef Šafárik verantwort-
lich, der den Stadtnamen irgendwann um 1830 (sprach-
historisch ganz falsch) von dem des Böhmenherrschers
Bretislav abgeleitet haben soll – nach dem jetzt übrigens auch das ehemalige Lundenburg heißt, eine tschechische Grenzstadt, in der die Eurocityzüge aus Polen
Halt machen, bevor es nach Wien weitergeht. Man ist
versucht, die merkwürdig schwach definierte Eigenart
dieser bescheidenen und nonchalanten Stadt (sie kann
ihre ausländischen Mitbürger durch ihre Art der Indiffe-

renz manchmal ernsthaft irritieren) mit der eigenartigen Geschichte ihres Namens in Verbindung zu bringen. »Eine erfundene Stadt« könnte man einen Aufsatz darüber nennen. Aber je länger ich über die betreffenden Zusammenhänge nachgedacht habe, desto deutlicher ist mir schließlich aufgegangen, dass jede Stadt und jedes Land eine Erfindung ist und das, was wir »die Geschichte« nennen (als sei das etwas Bestimmtes und eindeutig Feststellbares) nichts als eine Vereinbarung, auf die wir uns irgendwann geeinigt haben.

Als ich ein Baby war, wohnten meine Eltern mit mir in einer winters nur durch einen kleinen Kohleofen beheizbaren Dachkammer im Esslinger Haus meiner Großeltern. Später, als ich zehn oder elf war, pflegte ich auf diesen wenigen, nach Holz und Staub duftenden Quadratmetern mein sommerliches Hauptquartier einzurichten, wenn ich während der großen Ferien zu Besuch war. Aus dem Dachfenster hatte der einsame Junge dort an den äußersten Grenzen des Hauses einen Blick über die Weinberge und Fabrikschornsteine des Neckartals, von dessen Weite und Poesie man schon ein Stockwerk tiefer nichts ahnte. Vielleicht habe ich deshalb schon bei der ersten Besichtigung der Pressburger Dachwohnung, in der ich dies schreibe, gewusst, dass ich hier und nirgends anders einmal wohnen wollte: Hoch über dem von Autoverkehr und Passantengewühl belebten und in seiner dämonischen Verbautheit geradezu ausgefranst oder zermatscht wirkenden Platz des Slowakischen Nationalaufstands.

Jedenfalls aber habe ich bei dieser ersten Besichtigung – immerfort aus den Fenstern auf die in der Tiefe und gegenüberliegenden Hügeln verschwenderisch ausgebreitete Stadtlandschaft schauend – versäumt, die Heizungsanlage in genaueren Augenschein zu nehmen. Auch mit den Häusern und Wohnungen, die mir seit meiner Kindheit in Träumen erscheinen, ist immer irgendetwas nicht geheuer. Ob diese Traumimmobilien heizbar sind oder nicht, darüber habe ich mir beim Aufwachen natürlich nie irgendwelche Gedanken gemacht. Derlei ist vielleicht ein für die Arbeit der Träume zu kompliziertes und zu wenig dramatisches Handlungselement. Aber in jeder anderen Hinsicht sind diese mir nach solchen Träumen dann tagelang nicht mehr aus dem Sinn gehenden Seelenarchitekturen böse Häuser – wie von Alfred Hitchcock gefilmt oder erdacht von dem klaustrophobischen deutschen Künstler Gregor Schneider, dauernd bedroht von Einsturz und allerhand Katastrophen. Oft stehen sie zum Beispiel an einem gefährlichen Abgrund oder am Rand einer Autobahn. Der jahrelang in ihnen abgelagerte Traumstaub (oft liegt auch allerlei dämonisch unerklärlicher Bauschutt herum) nimmt mir manchmal fast den Atem. Und doch eröffnen sich aus den verwitterten und altmodischen Fenstern dieser Traumzimmer, durch dünne, unregelmäßige Scheiben, die längst geputzt gehören, die atemberaubendsten Ausblicke.

In Krakau, wo ich meine Wohnung sieben Jahre zuvor gleichfalls nur nach ästhetischen und gleichsam träumerischen Gesichtspunkten ausgesucht hatte, war wenige Wochen nach meinem Einzug in bettdeckengroßen, pfützenförmigen Stücken der Verputz aus der Decke gebrochen und herabgestürzt. Eines Märzmorgens lagen die Trümmer und Brocken, ein Bild weißen Grauens, im Wohnzimmer. Der herbeitelefonierte Vermieter pochte mit einem Besenstiel in allen Zimmern an die Decke, auf der Suche nach dumpfen Stellen, und erklärte die Sache für erledigt, ausgestanden und unbedenklich. Wonach sich tags darauf, während ich im Büro war, gleich zwei weitere Batzen, Fladen oder Platten vom Deckenbeton lösten (unter anderem vermutlich aufgrund der Erschütterung durch den Besenstiel) und bei meiner abendlichen Heimkunft zerschmettert in Küche und Flur lagen. Eine Zeitlang schlief ich nur noch unter einem Moskitonetz, bis ich irgendwann wieder vergessen hatte, dass meine Wohnung zu der Sorte von einstürzenden Neubauten gehörte, die ein nicht durchtrainiertes und durch neue Technologien überfordertes Bauhandwerk bei unerwartetem Einströmen von Kapital in jahrzehntelang unterfinanzierte Wirtschaften allenfalls zustande bringt.

Gelöst wurde das Problem in Krakau dann übrigens erst anderthalb Jahre später und nach weiteren derartigen Vorkommnissen dadurch, dass die Damokleszimmerdecke durch den Einzug eines zweiten Plafonds in allen Räumen unterfangen wurde, worauf für die restlichen fünfeinhalb Jahre meiner Mietzeit Ruhe und Sicherheit einkehrten. Hier in Bratislava machte sich die Katastrophe (diesmal also: der Heizung) bereits Mitte Oktober bemerkbar. Als im Januar 2006 dann ein ernsthafter arktischer Kaltluftschild aus dem sibirischen Inneren des Kontinents sich wochenlang über unsere Gegend legte, konnte ich eines

Sonntagabends mit Hilfe des Thermostats beobachten, wie die Temperatur in meinem Wohnzimmer innerhalb einer Stunde von immerhin 18 Grad bis auf zuletzt 7 bis 8 Grad fiel, während die Gasetagenheizung verzweifelt und am Rand ihrer Leistungsfähigkeit sich mühte, mit ihren fast glühenden, aber viel zu kleinen Heizkörpern ihrer Aufgabe nachzukommen. Tagelang lebte ich dann in einer Wohnung, in der man den Eindruck hatte, alle Fenster zu der dramatisch verschneiten Stadtlandschaft (in der nachts bis zu 19 Grad minus herrschten) ringsum offen gelassen zu haben. Und schon wenige Wochen nach meinem Einzug in Bratislava war ich eines Nachts gegen drei davon erwacht, dass Regenwasser, das sich während der Nacht durch das undichte Dach vorgearbeitet hatte, mir aus einem großzügig dimensionierten Wasserflecken in der Dachschräge meines stilvoll loftartigen Schlafzimmers ins Gesicht tropfte. Was alles besagen will: Unzulänglichkeiten, Unzumutbarkeiten, Abenteuerlichkeiten, die man als Westler dem Pariser Bohememilieu des 19. Jahrhunderts oder der Dritten Welt zuordnet und in unseren Breiten und Zeiten für undenkbar hält, sind keine siebzig Kilometer von Wien entfernt auch in den teuren Neubauten und aufwendig sanierten Mietobjekten der slowakischen Wachstums- oder besser Explosionsökonomie an der Tagesordnung.

Der verzweifelt und wütend herbeigerufene Vermieter, der nun mit einer ganzen Riege von Handwerkern, dem Architekten und einem Sanitärsachverständigen anrückte, schaffte (ein wenig verwundert, aber auch eingeschüchtert angesichts meiner Empörung) in einer für westliche Handwerker undenkbaren Rekordzeit leidliche Ordnung, baute neue Heizkörper ein, dichtete das Dach provisorisch ab und versprach dessen gründliche Sanierung für den Frühling. Aber wer einmal gesehen hat, unter welchen sanitären, heizungstechnischen und ästhetischen Wohnbedingungen große bürgerliche Familien (und gar Studenten oder Rentner) in Lodz, Katowice, Warschau, aber auch noch Prag und Budapest jahre- und jahrzehntelang ausharren, ohne dass ihnen Vermieter zu Hilfe kommen oder sich überhaupt jemand um sie schert, der denkt bitter kopfnickend an das Bonmot von Heinrich Zille, man könne einen Menschen ebenso gut mit einer Wohnung erschlagen wie mit einer Axt.

In meiner inzwischen herrlich warmen Dachwohnung stehe ich im eisigen, stürmischen Januar 2006 hoch oben am Fenster und schaue auf den eigenartig amorphen Platz des Slowakischen Nationalaufstands hinunter. Hier fanden sich im Winter 1989 unübersehbare Menschenmengen ein, um ihrem Landsmann Alexander Dubček bei seinen ersten öffentlichen Reden seit 1968 zuzuhören. Der ehemalige tschechoslowakische Parteichef war in irgendeiner internen Verbannung (als Waldarbeiter, glaube ich) alt und grau geworden. Aber er lebte dann noch eine Weile und bekleidete in seinem neuen Staat ein ehrenvolles politisches Amt. Es waren Hunderttausende, die sich damals hier in den Armen lagen – und wie auf Kommando ihre Uhren hochhielten, um dem Regime zu demonstrieren, wie spät es sei (Zeit zu gehen). Dort, wo jetzt die Ampeln blinken und die Autos fahren, denke ich verwundert und träumerisch vor mich hin, beklatschten sie glücklich und ungläubig den Untergang des Imperiums und den Beginn eines neuen (ihres heutigen) Lebens.

Zwanzig Meter entfernt von meinem Fenster und ganz links kann ich über der Straße die Aufbauten auf dem Dach eines elfstöckigen Hochhauses aus den dreißiger Jahren betrachten. Seit den zwanziger Jahren erlebte die Stadt eine erste Expansions- und Prosperitätsperiode, an die sie seit Beginn des 21. Jahrhunderts heftig und chaotisch wieder anknüpft. Das heute bescheiden und damals unerhört wirkende Geschäfts- und Wohnhaus wurde 1935 fertig. Es ist noch heute unter dem Namen seines Erbauers und ersten Besitzers Rudolf Manderla bekannt, der den Stahlskelettbau nach seiner Rückkehr aus den USA errichten ließ. Das Manderla-Hochhaus ist ein eleganter und urbaner Fremdkörper der Moderne am Rand der barocken Pressburger Altstadt. 1918 hatte es hier noch fast mittelalterlich ausgesehen. Nun fand sich die malerische Provinzstadt als amerikanisch inspirierte Metropole im bäuerlichen Ostteil der Tschechoslowakei wieder. Zwischen den Kriegen war dieser Doppelstaat oder Staatenbund das reichste, modernste und liberalste Industrieland Europas, so etwas wie Schweden oder Dänemark in den siebziger Jahren. Eine mannshohe Skulptur aus verrosteten Stahlträgern, weißem und grauem Blech und nicht mehr funktionstüchtigen dünnen Neonröhren auf dem »Manderla«-Flachdach zeigt bauhausartig stilisierte Tragödenmasken um den Schriftzug »Radio TV« und wirbt damit wahrscheinlich für einen längst vergessenen staatlichen Sender oder ein nicht mehr existierendes sozialistisches Elektrogeschäft.

Vom Turm eines barocken Klosters im Mittelgrund wehen zur vollen und zur halben Stunde dumpfe Glockenschläge durch die kalte, sonnige Luft herüber. Gleich daneben, auf Abstand gehalten nur durch eine niedrige habsburgergelbe Häuserzeile aus dem 19. Jahrhundert, firmiert eine McDonald's-Filiale in einem sehr schön sanierten dreiteiligen Backsteinbau. Dieser Komplex ist damals ein Jahr früher fertig gewesen als das Manderla-Haus, 1934 (noch fünf Jahre bis zur Okkupation Tschechoslowakiens und der erzwungenen Selbständigkeit der Slowakei unter Pater Tiso und dem »Schutz« des Hitlerreichs). Die Haustriade von Emil Bellus gilt als Inkunabel des neuen slowakischen Bauens und wurde errichtet für die Zentralgenossenschaft der slowakischen Landwirte, die ihre Fortschrittlichkeit und Modernität durch den Auftrag an den bekannten avantgardistischen Architekten demonstrierten, ihre Bedeutung für die junge moderne Nation aber durch den zentralen Standort am Pressburger »Ring«. Es ist ein zugleich freundliches und monumentales Triptychon von leicht asymmetrischer Klassizität, das mich jedes Mal beruhigt und aufheitert, wenn sich beim Teetrinken im Morgengrauen mein Blick verirrt und durchs Fenster auf diese edel proportionierten Flächen und Fensterordnungen fällt. Eine Zeile südländisch feinblättriger Bäume verdeckt den graugelben Travertin, den glitzernden Edelstahl der ebenerdigen Straßenfront, wo in den dreißiger Jahren der Eingang eines Kinos lag. Über dem Portal der ehemaligen Genossenschaftsbank an der rechten, in den Platz hineinragenden Ecke steht die Skulptur eines slowakischen Schnitters in jenem sozialistisch-heroischen Universalstil, der damals nicht nur in der Sowjetunion, sondern auch in Paris und bis zu den Bauten des amerikanischen New Deal jenseits des Atlantiks weltweit *en vogue* war.

Das Gebäude der Städtischen Pressburger Sparkasse von Juraj Tvarožek dagegen – 1931 war es das erste und heute noch ist es das berühmteste Gebäude des slowakischen Funktionalismus – kann ich aus meinem Fenster nicht sehen, weil es das unmittelbare Nachbargebäude ist. Aber beim Heimkommen von der Arbeit fällt manchmal Abendsonne auf die edelsteinartig aufglänzenden Flächen aus Fenstern, weißem und gelbgrauem Milchglas. Man erkennt als flüchtiger Besucher der Stadt die Radikalität und Schönheit dieser Fassade nicht gleich. Auch ich selbst, als unmittelbarer Nachbar, habe das Haus neben meinem lange nur für einen modernen Bau gehalten, wie es dergleichen heutzutage viele gibt. Erst als ich auf einer historischen Fotografie von Jaromir Funke (er leitete an der Kunstgewerbeschule Bratislava, seit den späten zwanziger Jahren ein berühmter und radikaler Außenposten des Bauhauses, die Fotoklasse) gesehen habe, wie die weißen Geschossbänder zwischen dem Fensterglas und den dunkleren Wandflächen in einer »konstruktivistischen« Untersicht in den Himmel ragten, ist mir klar geworden, welche bestürzenden Botschaften aus den Jahren 1930 und 1931 diese Fassade an meine Zeit weitergibt: Versprechen einer wissenschaftlichen Stilisierung der Häuser und des Lebens, einer Verbindung aus Kunst und Industrie, einer befreiten Kreativität, Arbeitsamkeit und Sexualität.

Weiter oben am Hang, dem mittelalterlichen Michaelstor mit dem barocken Turm benachbart und der theaterkulissenhaft geschwungenen Fassade der Dreifaltigkeitskirche gegenüber, hat Vladimir Karfik, Hauptarchitekt der Bat'a-Werke im mährischen Zlín (in den zwanziger und dreißiger Jahren war die Stadt der mitteleuropäische Inbegriff moderner Gestaltung industrieller Arbeit), elektrisches Licht als Gestaltungsmittel des Fassadendesigns mit einer heute noch verblüffenden Unbefangenheit ins Bild der damals dort noch ganz altweltlichen Stadtlandschaft eingeführt. Wenn ich, am Sonntagabend aus Wien, München oder Krakau zurückkommend, mein Auto zu seinem Stellplatz in die schon in der mittelalterlichen Innenstadt gelegene Tiefgarage fahre, leuchtet über der gebogenen Schaufensterfront der Schriftzug einer Modefirma in einem meterhohen Glasband, das sich als an- und abschaltbarer Fries an den Rändern des Hauskubus über dem Verkaufspavillon fortsetzt. In diesen Leuchtfriesen kommunizierten die Besitzer des Schuhkaufhauses Bat'a 1930 mit den Bewohnern der verschlafenen und rückständigen ehemals nordungarischen Provinzstadt Pozsony/Pressburg, die sich jetzt Bratislava nannte. Die älteren Bürger werden in den Kaffeehäusern darüber die Köpfe geschüttelt und die Bäuerinnen aus dem Umland, die zum Markt in die dann bald nicht mehr wiederzuerkennende Stadt kamen, werden sich angesichts dieser neumodischen Gräuel bekreuzigt haben.

Den jungen Frauen aber, die dort seit 1931 ihre Schuhe einkauften, hat es bestimmt gefallen, und ihre Bewunderer (brennende junge Männer aus jener radikal modernistischen Kunstgewerbeschule vielleicht, mit dem Mitgliedsausweis der Sozialistischen Partei in der Tasche und dem neuen Buch des kommunistischen Prager Konstruktivisten Karel Teige unter dem Arm) werden angesichts all dieser neuen, aufsehenerregenden Architekturen unbestimmte Träume von einer titanischen Moderne mit sich herumgetragen haben, Phantasmen eines befreit und unbegrenzt produktiven Lebens. Der heutige Passant, der die von ihnen visionär erschaute Zukunft tatsächlich bewohnt, kann diesen Träumen nicht gerecht werden, wie mir im Vorübergehen fast schuldbewusst in den Sinn kommt. Die tatsächlichen Gewinnerinnen dieser Zukunft sind eigentlich nur die Frauen gewesen, die in diesem Gebäude auch heute wieder ihre Schuhe einkaufen oder sich in das italienische Restaurant in einem der Obergeschosse einladen lassen können. Ihnen sind die Versprechen der europäischen Modernisierungsperiode zwischen den Kriegen ja wirklich in Erfüllung gegangen (und ihren Männern auch, denke ich fröhlich und nehme mir vor, dich bei deinem nächsten Hiersein einmal auch dorthin auszuführen). Nicht aber als die wirkliche titanisch-sozialistische Neugestaltung der Produktion und der Welt sind die Träume Karel Teiges und Leo Trotzkis heute wahr, sondern als die Möglichkeit dauernder Neuerfindung des eigenen Lebens (und damit eben auch der Welt) im Medium der Kunst, der Mode und des Konsums.

Wenn ich andererseits an diesem kristallkalten Samstagmorgen im Januar ein wenig näher an die Scheibe meines Wohnzimmerfensters trete, sehe ich rechts in der mittleren Entfernung ein teils langgestrecktes, dann aber wieder vertikal starrendes Hotel-, Kantinen- und Kaufhausensemble aus den frühen siebziger Jahren, eine Pressburger Version des Berliner Alexanderplatzes. Die futuristische Stadt in der Stadt erinnert, nur ein paar Spazierschritte von der altweltlichen Idylle des Stadtzentrums, an Brasilia oder an den Pariser Stadtteil La Défense. Der Komplex wurde – wie die technisch hoch erstaunliche und unbestreitbar wunderschöne Pylonenbrücke über die Donau – in den Jahren nach 1968 errichtet. Man legte für solche sozialistischen Prestigebauten nicht nur die jüdische Vorstadt unterhalb der Burg nieder, sondern auch liebenswerte, gewachsene und bevölkerungsreiche Stadtteile rechts von meinem Ausguck über dem Platz des Slowakischen Nationalaufstands. Die den sozialistischen Machthabern schon lange als unzuverlässig geltenden Slowaken hatten mit ihrem saumseligen Parteichef und dessen *laissez faire* dem gesamten Breschnew-Lager das Schlamassel von 1968 eingebrockt. Ihr »bürgerlich nationalistisches« Streben nach Selbständigkeit war ein entscheidender Treibsatz der damals allgemein ausgebrochenen Subversion gewesen. Nun demonstrierte die Prager Zentralregierung mit diesen Bauten, wer der Herr im gemeinsamen tschechoslowakischen Haus war und auf welcher Seite der Fortschritt marschierte.

An einem bewölkten Vorfrühlingstag bin ich mit einem neugierigen Besuch aus der Heimat in das Hotel »Kyjev«, den Turm der sozialistisch-urbanistischen Machtgeste, eingedrungen. Die Fassade des »Kyjev«, das bald, nicht einmal fünfzig Jahre nach seinem Bau, abgerissen werden muss, besteht nur noch aus verrosteten Eisenplatten und ungeputzten Fenstern. In dem halb fußballfeldweiten, dabei eigenartig niedrigen und ganz mit dunklem Holz getäfelten Foyer des »Kyjev« standen die Uhren mit der Ortszeit nicht nur von Kiew und Bratislava, sondern auch von Moskau, Paris und New York sämtlich still. Wir beeilten uns, an dem misstrauisch und vage bedrohlich dreinschauenden, eher nach Bodyguards als wie Hotelangestellte aussehenden Thekenpersonal vorbeizukommen, ohne dass jene Männer uns womöglich ansprechen würden – und herausbekommen, dass wir hier gar nicht wohnten und überhaupt nichts verloren hatten. So kamen wir in den sozialistischen Eleganzbereich des noch in den achtziger Jahren besten und teuersten Hotels der Stadt. Ein allseitig schwarz kunstledern ausgepolsterter und auch jetzt, zur Mittagszeit, gegen das Tageslicht überall abgedichteter Barraum war von einer chromblinkenden und hintergrundbeleuchteten Theke fast ganz ausgefüllt. Über eine raffiniert in sich verkantete Wendeltreppe aus Marmor, Stahlstangen und Edelholz (in ihrem Rund erstrahlte trüb eine sternbildartige Lampenkonstruktion) stiegen wir auf die Galerie. Das fünf Meter lange Ölgemälde eines langgestreckten Kiewer Dnjepr-Prospekts empfing uns dort (das undurchdringliche Grün der Uferwälder jenseits des graublauen Stroms; darüber sahneweiße, goldblitzende oder himmelblaue Zwiebeltürme; in der Entfernung die Obelisken, Kolossalstatuen und Art-Deco-Wolkenkratzer der sozialistischen Metropole).

Der große Konferenzsaal war leer und roch nach ranziger Mayonnaise. In einem Seitenstudio stand die Tür offen.

Vergilbte Gardinen hingen abgerissen herunter. Ärmlich wirkende Geschäftsleute sprachen ein Englisch mit nicht lokalisierbarem Akzent. Wir zogen uns zurück, als drohe von dieser verloren wirkenden Rotte Anzugmänner eine schlimmere Gefahr als einfach nur als nicht zugehörig erkannt und hinausgeworfen zu werden (als könnten wir hier durch zwei schallgedämpfte Schüsse liquidiert werden). Wie in gewissen viktorianischen und wilhelminischen Interieurs (Benjamin hat das irgendwo geschrieben) von der Topfpalme bis zur Portiere insgeheim alles auf den Mörder wartet, sind diese Salons der Breschnew-Ära schon zu ihrer Entstehungs- und Blütezeit auf das Gangstermilieu eingerichtet gewesen, das aus der sozialistischen Menschengemeinschaft dann bald genug hervortrat und von uns aus gesehen von ihr nicht mehr zu unterscheiden ist.

Mit einem lebensgefährlich ächzenden und ruckelnden Fahrstuhl aus längst eingestellter volkspolnischer Fabrikation fuhren wir in den aufragenden Senkrechtteil des Gebäudekomplexes hinauf. In den Obergeschossen warteten niedrige, unbequeme Plüschsofas und runde, in die allgegenwärtige Holztäfelung eingelassene Spiegel auf Manager kirgisischer Kombinate. Aber in Wirklichkeit saßen dann nur wir hier unter der niedrigen, durch kaschierte Einbauten (Mikrofone, dachte es in mir unwillkürlich) noch näher gerückten Decke der langen Gänge und sahen verstohlen auf eine tief unter uns liegende Stadtlandschaft, die in den ungeputzten Fenstern atemberaubend schön erschien, wenn man den Flor der dichten, gelbstichigen Gardinen einen Moment lang zur

Seite schob. Beklemmungsgefühle dann wieder im engen, klappernden und lärmenden Aufzug auf dem Weg nach unten. Und eine sehr freundliche und vergnügte Reisegruppe abgerissen gekleideter, bärtiger Finnen mit schlechten Zähnen, die uns auf Englisch einen guten Tag wünschten und mir den (zweifellos sehr dummen) Gedanken eingaben, wie seltsam es sei, dass es in Finnland offenbar auch arme, in einem solchen Hotel Unterkunft nehmende Menschen gebe.

Unwillkürlich aufatmend traten wir ins Freie. Das ästhetische Paradox des *terrain vague* im Zentrum von Bratislava besteht darin, dass viele erstaunlich gute oder zumindest interessante Gebäude in der Gesamtheit doch nur den Eindruck einer innerstädtischen Brache hervorbringen. Ich habe das in Europa sonst nirgends gesehen. Dieser paradoxe, fast schwindelerregende Eindruck ist mir immer nur von ostasiatischen Wachstumsmetropolen wie Tokyo, Taipeh oder Hongkong geläufig gewesen und für diese charakteristisch erschienen. Dörfliche Hütten und bäuerliche Lebensverhältnisse haben dort buchstäblich im Schatten der aufsehenerregendsten und avanciertesten *corporate architecture* überlebt. Die Zeiten und Welten durchdringen sich traumhaft-surrealistisch (eine andere Geschichte, die anderswo erzählt worden ist). Eine Zeitlang im Winter 2005/2006 habe ich den Taipeh-Effekt von Bratislava für ein Erbe der sozialistischen Stadtplanung gehalten, die ihre Monumente nach 1968 eben tatsächlich besonders auftrumpfend und herrschsüchtig um die mittelalterliche Altstadt und in die im 19. Jahrhundert gewachsenen bürgerlichen Viertel hineingebaut hat. Aber während ich mehr über die Stadt und ihre Baugeschichte erfuhr, beim Spazierengehen an den Wochenenden und über den Architekturbüchern am Abend (deren slowakischen Text ich dann mit Hilfe meiner Polnischkenntnisse und den ersten Ergebnissen meines Slowakischkurses mühsam dekodierte und mir zusammenreimte), wurde klar, dass das *terrain vague* des Platzes vor meinem Fenster schon in den dreißiger Jahren entstanden ist, als schon einmal ganz unerwartet Kapital in die schlecht vorbereitete, von überforderten und korrupten Magistraten regierte Stadt eingeströmt ist.

Beim Spazierengehen auf den Höhenzügen ist es mir einen Augenblick im letzten Oktober vorgekommen, als könnte ich in die Zukunft Bratislavas hineinsehen. Das weit hinaus rauchende und stampfende, von stärksten internationalen Kapitalströmen ergriffene Industrietal sah plötzlich aus wie Hongkong (mit der verzweigten, binnendeltahaft erweiterten Stromebene voller Auenwälder und Sümpfe dort, wo in Hongkong das Südchinesische Meer glitzert). Unbemerkt von der Öffentlichkeit der umgebenden europäischen Länder, diskutiert allenfalls auf den Wirtschaftsseiten der FAZ, des Guardian, der Le Monde oder der New York Times (die von Intellektuellen bekanntlich nicht gelesen werden) ist die Slowakei, der am wenigsten definierte und vollkommen imagelose Staat zwischen den untergegangenen alten Reichen (das *terrain vague* Europas) zu einer heroischen wirtschaftlichen Wachstumsmaschine geworden. In einsam entscheidenden Sitzungen hat eine hinter den Kulissen agierende, draufgängerisch zukunftsorientierte Politikerkoalition im Handstreich sämtliche Steuern auf 19 Prozent festgesetzt, die umfangreichen Sozialausgaben abgeschafft, das Verarmen der bisherigen Zuwendungsempfänger in Kauf genommen. Dafür ist das Land (und vor allem die Gegend um Bratislava) mit den umfangreichsten internationalen Investitionen belohnt worden, die in den letzten Jahren überhaupt irgendwo in Europa stattgefunden haben. VW, Citroën, Hyundai sind nur die bekanntesten Beispiele.

Der hiesige Chef der Computerfirma Dell etwa, mit dem ich mich neulich unterhielt, ein hemdsärmeliger junger Mann mit einer sehr kurzen Aufmerksamkeitsspanne, sagte mir beiläufig, man suche für die nächsten Jahre 1500 neue Mitarbeiter mit europäischen Sprachkenntnissen. Sie hier zu finden sei sein einziges Managementproblem. Während in ländlichen Gegenden der Ostslowakei so gut wie niemand mehr Arbeit hat, und auch keine Aussicht mehr, jemals welche zu bekommen, ist Bratislava vermutlich die einzige europäische Großstadt, in der Vollbeschäftigung herrscht. Ein junger Angestellter eines New Yorker *Think Tanks* verriet mir allerdings neulich in einem der Altstadtbistros, in denen man sich minutenlang nicht mehr sicher ist, ob man nicht eher in London, Berlin oder Tokyo sitzt statt im alten Pressburg, am Horizont der nächsten Zukunft stünden bereits Rumänien und Moldawien bereit, der Industriezone um Bratislava ihre neue Vorzugsstellung in Europa streitig zu machen. Die Regierungen dort nämlich schickten sich an, den slowakischen Zirkustrick mit der *flat tax* einfach zu kopieren. Es sei noch nicht ausgemacht, ob das in-

ternationale Kapital, das sich in den letzten Jahren hier
niedergelassen habe, dann nicht einfach weiterzöge, nach
Südosten. Ich aber erinnerte mich an den plötzlich hart
und sarkastisch werdenden Ton und Gesichtsausdruck
eines slowakischen Wirtschaftsjournalisten, als es bei
einer anderen Lunch-Gelegenheit der letzten Wochen
plötzlich aus ihm herausbrach, ich brauche nicht zu denken, dass die Politiker hier so dumm seien, dass sie sich
auf die unbegrenzte Dauer des Bratislava-Booms verlie-
ßen. Man habe ein Zeitfenster von nicht mehr als einem
Jahrzehnt, und es sei durchaus möglich, dass danach die
Gegend hier wieder in jene wirtschaftliche Obskurität
zurückfalle, aus der sie jüngst so schnell und dramatisch
aufgebrochen sei. Alles komme darauf an, jetzt Infra-
struktureffekte zu schaffen, die nicht mehr rückgängig zu machen seien, vor allem durch den Anschluss an
das nahe Wien, mit dem Bratislava dauerhaft zur ersten
transnationalen Doppel-Metropole Europas verbunden
werden müsse. Und so weiter.

Zurück zu Hause, vor dem Fenster. In der Entfernung
ragt das demonstrativ modernistische und wahrscheinlich extrem unpraktische Gebäude des Slowakischen
Rundfunks (ebenfalls von 1968), eine auf die Spitze ge-
stellte Pyramide aus dunklem Stahl und braunem Glas.
Und dahinter, noch vor den sich bis an den Horizont
erstreckenden Weinberghügeln, zwei glatte, fast durch-
sichtige Bürotürme mit grünlichen Scheiben, an deren
Fassaden nächtens Fahrstühle in den Himmel steigen.
Vor zwei Wochen nahm ich, einem unklaren Impuls folgend, bei meinem morgendlichen Gang zur Arbeit nicht

den Weg, der zwischen einem Kloster und hohen Gebäuden im Ringstraßen-Stil des 19. Jahrhunderts in den höher gelegenen Teil der Innenstadt hinaufführt, sondern stattdessen eine unscheinbare Straße, die ein wenig seitwärts abbiegt und von der ich mir nicht viel versprach. Kaum hundert Meter weiter hangaufwärts befand ich mich schon in einem Bratislava, das ich bis dahin noch nie gesehen hatte. Von einem noch ganz bürgerlichen Wohnhaus der zwanziger Jahre, an dem mir die an den Ecken gerundeten, ganz um die Fassade herumführenden Balkons als ein Zitat von Berlin oder New York gefallen hatten, bog mein Weg hinter einem eingezäunten Spielplatz in eine urtümliche Ladengasse ein.

Aus verandenartig verglasten, mittelalterlich verkommenen Ausschänken wehte ein kalter Kellerhauch von Holz und Wein. Asiatische Garküchen wechselten sich hier ab mit Verkaufsbuden, in denen jetzt, kurz vor neun Uhr morgens, vietnamesische Händler Handtaschen, Damenunterwäsche, Schals, Jeans, Pullover, Kleider, Blusen, Handschuhe und Plastikschmuck verkaufsfertig machten, auf Bügel hängten und in der morgendlichen Kälte ausbreiteten. Die ersten Käuferinnen (denn es waren nur Frauen) betrachteten und befühlten das Angebot und wurden in gleichsam noch verschlafen geführte Verkaufsgespräche verwickelt. Durch einen Torbogen, der mit Plakaten, Ankündigungen und Sonderangebotszetteln ganz überzogen und wie verkrustet war, trat ich in die armselige Geschäftsstraße aus niedrigen, verwahrlosten Häusern hinaus, die ich bisher als Fußgängerzone und Einkaufszentrum nie ganz ernst genommen hatte,

weil sie so gar nicht den glänzenden Passagen und Fuß-
gängerzonen gleicht, die man aus München und Frankfurt gewöhnt ist und die sich auch in der mittelalterlichen
Innenstadt Bratislavas schon ausbreiten.

In dieser »Obchodna« jedoch, einer alten Ausfallstraße
des 19. Jahrhunderts, die zu den Weindörfern am Süd-
osthang der Kleinen Karpaten hinausführt, war eine
urtümlichere, ärmere und lebendigere Form des Ein-
kaufens und Wirtschaftens zu besichtigen als im schon
ganz durchgestylten Zentrum, wo ich bisher immer nur
gewesen war (ein Tourist in meiner eigenen Stadt). In
der Mittagspause ging ich wieder hin. Es war viel voller
als in der restaurierten Innenstadt, wo ich sonst um diese Zeit überteuerte Salate in minimalistischen, neobaro-
cken oder sonstwie thematisch durchdachten Interieurs
zu ordern pflegte. In einem überfüllten, lauten »Coffee
Heaven« trank ich Kaffee zu einem Lachsbagel. Auf den
Spaziergängen, die ich in der Folgezeit dort dann fast jeden Werktag vor oder nach der Arbeit und auch am Wochenende unternahm, öffneten sich mir jedes Mal wieder
neue Geschäfte, Passagen, Kneipen und Cafés, deren un-
vermutete Zugänglichkeit hinter einer versteckten Sei-
tentreppe, einem durch handgeschriebene Zettel zuge-
klebten Schaufenster, durch einen finsteren Hauseingang
an bestimmte Dachbodenkanzleien oder Dorfschenken
in Kafkas Romanen erinnerte. Oder eben an jene in
meinen Träumen immer wieder auftauchenden vergessenen Zimmer und Wohnungen, die ich im Wachen, wie
ich mir im Traum dann halb schuldbewusst, halb verwundert (aber immer irgendwie *beschenkt*) klarmache,

ganz vergessen hatte und um die ich mich dann kümmern muss.

Eines der merkwürdigsten Lokale der Obchodna ist das »Kino Café«. Es liegt in einer im ersten Stock gelegenen Passage, die tief ins Innere eines finsteren und nicht besonders vertrauenswürdigen Häuserblocks führt, gegenüber einem stets offen stehenden Frisiersalon, dessen Personal bei jedem Besuch dort wirkt, als verbringe es hier in Wirklichkeit seine Freizeit. Und tatsächlich wechseln die dort diensttuenden Kräfte so nonchalant wie die übrige, meist sehr jugendliche Klientel von ihrer Seite des Passagengangs in die tiefe, verrauchte Zimmerflucht jenes Cafés, in dem einem zur Kinokarte gleich noch ein Bier oder ein Kaffee angeboten wird. Man nimmt sein Getränk nach nebenan in den von der Passage nur durch einen Vorhang abgetrennten Kinosaal mit, wo man in wohnzimmerartigen Nischen auf gepolsterten Sesseln um niedrige Tische sitzt und sich, wenn man nicht will, so wenig um den Film kümmern muss wie zu Hause um einen in der Ecke der Wohnküche laufenden Fernseher.

Die familiäre Exterritorialität des »Kino Café« hat mir nach der Arbeit ein oder zwei Bier lang an manchen Winterabenden die Grenzen zwischen meiner Bürowelt, meiner Dachwohnung und diesem vergessenen Winkel so weit verschwimmen lassen, dass mir minutenlang das Gefühl dafür abhanden kam, in welcher Weltgegend und in welcher Zeit ich mich eigentlich befinde. Denn man könnte, während man geborgen im »Kino Café« einer der – nie untertitelten, sondern immer schlecht slowakisch synchronisierten – amerikanischen Filme ansieht (die man meist schon kennt), sich ebenso gut im Bagdad der Gegenwart befinden wie im Berlin der zwanziger Jahre (dort durfte man damals im Kino auch rauchen, Bier trinken und sich unterhalten). Aber auch aus anderen Etablissements der Obchodna finde ich manchmal nur mühsam in meine eigene Wirklichkeit und in die gegenwartszugewandteren Stadtteile von Bratislava zurück. So gehört ein Nachmittag, den ich in einem Straßencafé auf der gegenüberliegenden Straßenseite unweit der Passage des »Kino Café« unlängst zusammen mit meinem Sohn verbracht habe, zu den wie aus der Zeit ausgeschnittenen realutopischen Lebensabschnitten, an die man sich noch Monate und manchmal Jahre später erinnert, als ernähre sich etwas in einem auf geheimnisvolle Weise von ihnen.

Dieses Straßencafé, das sich gleichzeitig (wie viele Kaffeehäuser in Bratislava) als Galerie versteht, ist in den dreißiger Jahren der Eingangsbereich eines kleinen, aber exklusiven und modernistischen Kaufhauses gewesen. Seine bis zum Boden reichenden Fenster zur Straße hin sind mit altertümlich funktionalen Stahlrahmen eingefasst. Ein duschkabinengroßer Windfang ragt aus der Glasfassade in den weißgestrichenen Innenraum hinein, und außer den zeitgenössischen Ölgemälden an den Wänden ist eine riesige, italienisch blinkende Kaffeemaschine hinter dem niedrigen Tresen der einzige Schmuck des großen, mit alten Wohnzimmermöbeln bestückten Raums. Mein Sohn, der mit weltmännischer Gebärde einen »Caffé latte« bei der *patronne* in Auftrag gegeben hatte, vertiefte sich nach einem flüchtigen Lächeln in Richtung seines Vaters in Cornelia Funkes »Tintenblut«. Vor dem Fenster schoben sich blau, riesig und quietschend Straßenbahnen vorbei. Passanten gingen im Licht eines sonnigen Winternachmittags die Front des Cafés entlang. Der junge Mann, der vor ein paar Jahren noch mein Kind gewesen war, trug einen meiner schwarzen Pullover. Ich bestellte mir noch einen Kaffee. Und als wir ein bis zwei Stunden später wieder auf die Straße traten, um durch die Innenstadt über die alte eiserne Donaubrücke zum jenseits des Flusses gelegenen Einkaufs- und Kinozentrum zu laufen, setzten wir unser Gespräch so intensiv fort, als hätten wir es keinen Augenblick zugunsten unserer Bücher unterbrochen.

Das durchgehend Improvisierte dieses Stadtteils wirkt so befreiend auf eigene Vorhaben, Selbststilisierungen und Bilder von sich selbst, wie ich es, vor Jahrzehnten, als arbeitsloser Germanist, zuletzt in Berlin-Kreuzberg empfunden habe, wenn ich einen Nachmittag mit Büchern und Zeitungen im »Kuckucksei« oder im Café der »Regenbogenfabrik« verbrachte. Auch im Kreuzberg der achtziger Jahre waren gleichsam Löcher und weiche Stellen in der Wirklichkeit entstanden. Man kann ja den Eindruck haben, dass Städte eine unterschiedliche Dichte und deshalb ein spezifisches Gewicht aufweisen. Wenn bei physikalischen Körpern Dichte das Verhältnis zwischen ihrer Masse und ihrem Rauminhalt bezeichnet, dann ist es in Stadtkörpern vermutlich so etwas wie der Quotient aus historisch überlieferter Gedankenmasse und Fläche. Weswegen zum Beispiel Paris, wo sich so viel

Geschichte und Planungsvernunft pro Quadratkilometer abgelagert hat wie sonst vielleicht nirgends, eine der dichtesten Städte überhaupt ist. Aber auch kleine Städte wie Zamość, San Gimignano oder Krakau können in dieser Weise dicht und entsprechend schwer sein. Dagegen sind Städte wie Tokyo oder Berlin, wo ganze Stadtteile durch Kriege und Spekulationswellen aus dichtester Lebendigkeit in ruinöse Verlassenheit und wieder zurück in intensives neues Leben treten können, poröse, veränderliche und leichte Städte, denen etwas Nomadenhaftes zu eignen scheint. Es ist dort, als seien die Barbaren schon einmal dagewesen, als sei die Steppe schon zu spüren. Sogar monumentale Bauten haben dort zugleich etwas von Zelten (am Berliner Potsdamer Platz zum Beispiel). Für den Eintritt des Neuen in die Stadt sind solche porösen Viertel geeigneter – die halb ruinierten, sich gerade wieder aufrappelnden Straßenzüge, die bösen Häuser, die ihre Rettung noch vor sich haben und sie herbeisehnen. In solchen Straßen beginnen Besucher und Einwohner zu träumen, nicht in den von klaren Gedanken, historisch wohldefinierten Absichten und einprägsamen Formideen vollständig durchdrungenen Gegenden. Hier schließt die individuelle Phantasietätigkeit (»Wie wäre es, hier zu wohnen und einen Fahrradreparaturladen aufzumachen! Oder ein Antiquariat?!«) sich zusammen mit den alten apokalyptischen Träumen und Ängsten vor der Ankunft der Barbaren (»Diese Leute wären vielleicht so etwas wie eine Lösung gewesen«).

»Es gibt nur eine einzige Wirkungsweise der apokalyptischen Rede, die harmlos und wohltätig ist«, schrieb Michael Rutschky 1988, als die politische Apokalyptik im Westen noch ein ernst zu nehmender politischer Faktor war: »Das ist die ästhetische. An einem Sommerabend in jenem Viertel unserer Stadt spazieren gehen, von dem noch nicht zu sagen ist, ob es zum Slum verfällt, das untergehende Babylon. Oder ob es der Quellort der Zukunft ist, das neue Jerusalem. So entsteht ein uneinholbares Jetzt. Und dessen Genuss darfst du dir ohne Reue gönnen.« Nur mit dem wohltuenden Unterschied, dass die Löcher in der konsumkapitalistischen Wirklichkeit auf der Pressburger Obchodna nicht mit fünftklassiger linksradikaler Propaganda letztbegründet werden wie damals in Berlin-Kreuzberg. Und dass man nicht diesen grauenhaften Nicaragua-Kaffee trinken muss, sondern »Lavazza« oder »Illy« bekommt. Geldmangel wird auch hier durch Phantasie und jene gewisse Schamlosigkeit ausgeglichen. Aber es ist kein Ghetto der Jugendlichkeit und Radikalität entstanden. Hier kaufen, trinken und erleben sich vielmehr gediegene Pressburger, die vielleicht das Geld hätten, sich in der renovierten Innenstadt zu versorgen, sich dort aber nicht wohlfühlen würden.

Unterdessen ist es Frühling geworden in Bratislava. Hellgrüne, fast künstlich wirkende Schleier haben die Hügel in der Entfernung überzogen. Ein warmer Wind kommt aus der nahen Puszta um den Neusiedler See herüber, und am Morgen können wir auf dem Balkon noch einen Kaffee in der Sonne trinken, bevor ich ins Büro muss. In der Mittagspause habe ich mir letzthin angewöhnt, ein paar Schritte die sanft ansteigende Straße hinaufzugehen, an deren unterem Ende das Goethe-Institut im ehemaligen Stadthaus eines ungarischen Industriellen untergebracht ist. Ein für sehr große Gottesdienste ausgelegter, dabei turm- und fast vollkommen schmuckloser barocker Kirchenbau steht hinter einer Rasenfläche und vier großen Linden. Der Architekt dieser Kirche für die augsburgisch-evangelischen Gläubigen Bratislavas und der Weinbaugemeinden des Umlands hat 1776 die strengen Auflagen der gegenreformatorisch gesinnten ungarischen Obrigkeit einhalten müssen. Sie scheint auf einem scheunenartigen Grundriss bestanden zu haben. Anders aber als in den großen Gemeindefluchtburgen im schlesischen Schweidnitz oder Jauer, in denen damals gleichfalls Tausende evangelisch Gläubige aus dem ganzen Fürstentum allsonntäglich zusammenzukommen pflegten, hat man hier – sei es aufgrund der obrigkeitlichen Auflagen, sei es, weil man irdischem Prunk selbst abhold war – auf die verschwenderische Innenausstattung mit barocken Altären, Engeln, Kanzeln, Prunkorgeln und Emporen verzichtet.

Meine Mittagspausenlektüre unter dem Arm trete ich dann manchmal für ein paar Momente in den niederländisch strengen Innenraum. Weißes Licht aus hohen Fenstern wirkt wie das der Vernunft selbst. Hier könnte ein Parlament tagen. In Wirklichkeit hat hier eine Kirchengemeinde jahrhundertelang ihre Lieder gesungen, fromme Predigten gehört und Gebete gesprochen. Vielleicht sind die evangelischen Gemeinden der Gegenreformationszeit, die neben ihren geistlichen Aufgaben immer auch für die politische Repräsentation und den alltäglichen Zusammenhalt ihrer Schutzbefohlenen zu sorgen hatten, sowieso eigentlich Vorläufer des modernen Parlamentarismus (der ja viele Ursprünge und Bestandteile hat).

Auf dem Vorplatz, unter den Linden, ist es um Mittag fast sommerlich warm. Man ist keine hundert Meter entfernt von dem im Verkehr tobenden Platz vor dem Palast des Staatspräsidenten, der jedes städteplanerische Gewissen und architektonische Über-Ich in geradezu lächerlicher Weise vermissen lässt. Dort umstehen das weiße Schloss, sozialistische Hotels, der übliche postmoderne Unfug und ein überraschend schönes Bankgebäude aus den späten neunziger Jahren – »Learning from Las Vegas!« – in dummer, aber irgendwie fröhlicher Unmotiviertheit eine Kreuzung von Stadtautobahnen. In Sicht- und Hörweite der mehrspurigen innerstädtischen Highways führt ein kopfsteingepflasterter Hohlweg zwischen schmutzig gelben, abgeblätterten Mauern hindurch auf eine montmartreartig zu einem kleinen Platz erweiterte Kreuzung. Ein dörflich stilles und zugleich campusartig distinguiertes, hier endlich einmal ganz in sich ruhendes und nur von sich selber angefülltes historisches Zentrum hat sich um ein paar Gassen und Ecken herum erhalten, vielleicht die geheime wirkliche Mitte dieses verspäteten und seiner selbst bis heute nicht recht gewissen Landes.

Denn in dem dreistöckigen barocken Palais, vor dem man jetzt steht und von dessen Fenstern aus man in den Hof vor dem hinteren Kircheneingang hineinsehen kann, haben Generationen von berühmten Schülern des evangelischen Lyceums Pressburg sich auf ihre Stellen im Dienst einer Kirche und einer Kommunalverwaltung vorbereitet, die sich seit dem 18. Jahrhundert als slowakische Nation *in statu nascendi* verstanden hat. Einen Moment lang erscheinen um das Tor zum Kirchhof in meiner Vorstellung pickende und scharrende Hühner und angebunden weidende Ziegen. Und ein Reiter im Reiseanzug des Biedermeiers (mit einem hohen Hut vielleicht und rindsledernen Stiefeln) führt sein Pferd zu dem Brunnen, der dort immer noch Wasser in ein steinernes Becken gießt. Ein Travertinfries im klobigen Design der dreißiger Jahre verzeichnet an der Ecke des Hauses eine lange Reihe slowakischer Intellektueller, die hier als fünfzehn- oder sechzehnjährige Internatsschüler, von überallher aus Nordungarn kommend, Latein, Griechisch und Hebräisch gelernt haben, bevor sie zum Studium (meist in Halle an der Saale, der intellektuellen Hauptstadt des mitteldeutschen Pietismus) aufbrachen. Dann kehrten sie als enthusiastische junge Männer zurück, um hier selbst wieder zu unterrichten, zu predigen oder um entlegene Landpfarren zu übernehmen, deren Dialekte sie aufzeichneten und mit ihren eigenen, an Goethe, Bürger, Herder, Ossian oder Goldsmith orientierten Werken zu einer Literatursprache stilisierten.

Das pietistische Ethos der frommen Bildung, der protestantischen Askese, der Versenkung in die klassischen Sprachen kenne ich aus meiner eigenen Schulzeit im Evangelisch-Theologischen Seminar der Württembergischen Landeskirche, wo sich die Bildungswelt der Aufklärung bis an die Schwelle der *swinging sixties* erhalten hatte. Was mir im Frühling 2006 über meinen Forschungen zur

slowakischen Aufklärung und auf meinen Mittagspau-
senspaziergängen durch ihren wichtigsten Schauplatz
so zu denken und zu träumen gegeben hat, ist das mit
alldem hier gleichzeitig verbundene demokratisch-pa-
triotische Verantwortungsgefühl einer protestantischen
slowakischen Bildungselite. Sie hat die pietistischen Tu-
genden damals kombiniert mit dem (manchmal sicher
auch schwer zu tragenden) Bewusstsein, dass ihre Bildung, ihre Arbeit, ihr Talent eine noch nicht existierende
Sprache schaffen musste, eine Nationalliteratur, ein Volk,
eine Demokratie, eine Öffentlichkeit, eine heroische Vergangenheit (jenes Großmährische Reich, von dem man
in Wirklichkeit so gut wie nichts weiß), ein Land. Das
haben sie den deutschen Bengels, Brenz' und Franckes
immer vorausgehabt. Es muss eine große Einsamkeit gewesen sein am Rand des ungarischen Königreichs, dessen
Untertanen die slowakischen Bauern seit 906 waren. Ein
brunnentiefes Alleinsein der jungen protestantisch-nati-
onalen Pfarrer und Dichterrevolutionäre mit Inspirati-
onen und Ansprüchen, die sich auf keine herrschenden
Normen berufen konnten – und auch auf die verwandten Bestrebungen der so viel größeren Brudervölker (des
polnischen, des deutschen, des tschechischen Volks) nur
annäherungsweise, im Sinne der Analogie. Und immer
waren sie bedroht von dem nahe liegenden Zweifel, ob
dieser verlassene Landstrich in ausgerechnet ihnen denn
tatsächlich den slowakischen Mickiewicz, Petöfi, Macha,
Grundtvig oder Goethe hervorgebracht habe.

Es war an einem strahlenden Frühlingstag im Mai, als
ich die enge, geräuschvolle Holztreppe zum ersten Stock

des Kollegiengebäudes hinaufstieg, wo hölzerne Truhen stehen. In den kleinen Fenstern der geweißten Gänge erscheint die rückwärtige Fassade der Evangelischen Kirche. Es roch nach Holz, Staub und Büchern. Im großen Bibliotheksraum waren die Wände ringsum mit braunen, mattgebeizten Regalschränken ausgetäfelt, an denen Messinggriffe blinkten. Das Gefühl, hier tatsächlich eine der unsolide-poetischen Architekturen meiner wiederkehrenden Träume in der Wirklichkeit wiedergefunden zu haben, war so stark wie seither nirgendwo sonst in Bratislava. Ein Bibliothekar hielt uns einen Vortrag darüber, wie vollständig und alt die Sammlung theologischer Literatur sei, die sich hier seit dem 16. Jahrhundert angesammelt und erhalten hat. Unersetzliche, durch die Gegenreformation überall sonst aus dem Verkehr gezogene ketzerische Traktate seien hier im Evangelischen Lyceum noch vorhanden. Seltene Übersetzungen der Bibel ins Ungarische, Deutsche, in die verschiedenen Stadien, Kodifizierungsstufen und Dialekte des westslawischen Sprachkontinuums. Vor den ungeputzten Doppelfenstern flimmerte das Laub zweier kleiner Bäume im Wind. Ein paar Schritte weiter hinaus tobte auf dem innerstädtischen *highway* der Stadtverkehr. Dahinter die endlosen Friese klaftergroßer Plakate an der Rückseite wie abgeschnittener Häuser.

Aber als ich mich umdrehte, lag ein Licht aus dem 18. Jahrhundert im Raum (der Vortrag des Bibliothekars blendete sich langsam wieder ein). Hier haben L'udovít Štúr und seine Schulfreunde die Slowakei erfunden. Es ist vielleicht der ehemalige Leninist und Trotzkibewunderer in mir, dem solche einsam und unverstanden für ihr Land und die Zukunft tätigen und entschlossenen Intellektuellen insgeheim so gefallen. Die reformbewussten japanischen Samurai, die 1868 gegen die Tokugawa-Shogune putschten und in nicht mehr als einer Generation die Moderne in Japan einführten, sind ein anderes Beispiel dieses geschichtlichen Typus. In der slowakischen Geschichte ist er bis heute lebendig geblieben und bei näherem Hinsehen eigentlich der bezeichnende. Ob das Zusammengehen mit den Tschechen nach 1918 im Vertrag von Pittsburgh, ob die Trennung vom tschechoslowakischen Staatsverband 1993 oder 2004 die Einführung der revolutionären Steuergesetzgebung Ivan Mikloš' – immer sind hierzulande die entscheidenden Neuerungen und Entscheidungen von einsamen, oft ganz unberühmten Männern gefällt worden, in Hinterzimmern, in der Dynamik kleiner Gruppen, die sich noch aus ihrer Schulzeit kannten und die Verantwortung stellvertretend für viele ihrer Landsleute auf sich nahmen, in Fluren und Lesesälen wie denen des Evangelischen Lyzeums in Bratislava.

Es ist deshalb kein Wunder, dass um die paar Gassen und Straßenecken unweit meines Büros, die heute noch durchgehend der evangelischen Kirche gehören, eine städtebauliche Geschlossenheit und Entschlossenheit herrschen, die man sonst in der Stadtlandschaft von Bratislava überall vermisst (je mehr ich in den letzten Monaten auf meinen Spaziergängen hier in die Moderne hineingeraten bin, umso verwunderter und zuletzt geradezu kopfschüttelnd habe ich sie vermisst). Manchmal denke ich, dass die Seoul-Anmutung dieser Straßen und Plätze mit der freundlichen, an ihren Rändern in Wurstigkeit ausfransenden Sanftheit zusammenhängt, die das Leben hier und den Umgang der Menschen miteinander bestimmt und deren Eindruck sich schon dem flüchtigen Besucher unübersehbar mitteilt. Ein andermal wieder will mir die im Stadtbild von Bratislava herrschende Gestaltlosigkeit als der Ausdruck einer misslungenen Selbstidealisierung erscheinen. Die dichten und ausdrucksvollen Städte (Paris, Krakau; schon das so nahe Budapest), denke ich dann, unwillkürlich irritiert und in unbewachten Momenten fast ein bisschen wütend, orientieren sich ja an einem Ideal von sich selber, einer Art nationalem Über-Ich, das hier vielleicht zu wenig Zeit hatte, sich auszubilden und in die psychischen Bereiche vorzudringen, in denen bestimmte Äußerlichkeiten fraglos werden und bestimmte städtebauliche Gleichgültigkeiten unmöglich.

Aber das sind nur ungeduldige Anwandlungen. Unten am Fluss, wo die Stadtlandschaft in die Auen übergeht, führt eine Stahlkonstruktion über die Donau auf das südliche Ufer. Man fährt oder geht wie im Inneren eines liegenden Krans über den gewaltigen, hier schon einen halben Kilometer breiten Strom, und die Bohlen rattern unter den Reifen meines Fahrrads. Besonders jetzt im Frühling, wenn der Fluss braun und wild strudelt und Bäume, Büsche, losgerissene Ruderboote, Planken und Fässer in unglaublicher Geschwindigkeit unter einem vorbeischwimmen, kann ich nie ohne ein schwer zu unterdrückendes Grauen dort hinübergehen. Und zugleich genieße ich das Gefühl, dass mir aus dieser gewalttätigen Naturerscheinung mitten in der Stadt (über der nachts, nach einem Abend im Kino, der Mond unberührt und desinterssiert leuchtet) eine Kraft oder Irritation entgegenkommt, die ich nicht verstehe (in der Entfernung die Riesenspinne der Brücke von 1968, die angeleuchtete Burg und der Dom am Fuß des felsigen Abhangs).

Wo die Brücke in die Stadt mündet, liegt ein weiter Platz wie ein See. An seinem gegenüberliegenden Ufer ruht das gerundete Foyer der travertingelben Comenius-Universität aus den dreißiger Jahren. Links davon aber hat sich schon im 19. Jahrhundert das Heereshauptquartier der königlich-kaiserlichen Österreichisch-Ungarischen Armee aufgetürmt, gebirgsgroß, blaugrau gestrichen und bis in seine höchsten Giebel hinauf mit Statuen, Kuppeln, Geländern, Girlanden, Steinkränzen und gefriertruhengroßen steinernen Griechenhelmen überhäuft. Der Bau aus der Schule Otto Wagners folgt den Theorien des Meisters auch darin, dass er einen ganzen Straßenblock einnimmt. Ein kleiner Park liegt davor, und man blickt von der Brückenauffahrt durch alte Bäume auf die Kuppeln der Straßenfassade (als stünde man am Rand der Champs-Élysées).

Auf der anderen Seite der Straße und wie abgewandt von der imperialen Machtdemonstration des Hauptquartiers tut sich ein berühmter und spektakulär modern anmutender funktionalistischer Bau der zwanziger Jahre auf, das ehemalige Genossenschaftshaus der Pressburger Künstler. Seine ineinandergeschachtelten Flächen bestehen aus Backstein, Beton, Stahl und Glas. Nirgends begegnen sich die Blickachsen der beiden so entgegengesetzten Gebäude. Das Heeresamt sieht über die modernistische Gestenansammlung, die ihrerseits ganz und gar mit sich selbst beschäftigt scheint, gleichgültig hinweg in den Mittelgrund. Dort aber steht, allen Raumintuitionen der Beaux-Arts-Schule (und eigentlich auch jeder anderen) zuwider, ein seinerseits repräsentativ zentral und mittig aufgesteilter Bau der dreißiger Jahre, das Innenministerium, das seine Front nicht der unübersehbaren städtebaulichen Provokation des k.u.k. Heeresamts gegenübergestellt hat, sondern sich, ein wenig versetzt, verdreht und unter vollkommener Missachtung aller städtebaulichen Logik, an einer Querachse ausrichtet, die zur Entstehungszeit vielleicht einmal ein bedeutungsvoller Boulevard werden sollte und jetzt keine wichtigeren ästhetischen Ansprüche mehr geltend machen kann als eine verwahrloste Stadtautobahn.

Diese Straßenkreuzung des allseitigen architektonischen Aneinander-Vorbeiredens ist 1968 weltberühmt geworden durch ein Foto. Es wurde damals dem Fotografenteam des »stern« zugeschrieben. In Wirklichkeit aber, wie man heute weiß und öffentlich sagen kann, hat Ladislav Bielik es aufgenommen, ein Fotoreporter der slowakischen Zeitschrift »Smena«, der am frühen Morgen des 21. August 1968 hier mit seiner Kamera unterwegs war. Es war in der Frühe des heißen Sommertags, an dem die Panzer des Warschauer Pakts auf jener Stahlbrücke die Donau überquerten und ins Stadtinnere von Bratislava vorstießen. Sie besetzten die Regierungsgebäude, die Parteizentrale und den Staatsrundfunk. Der Traum von einem Sozialismus mit Wahlen, Pressefreiheit und Rechtssicherheit war aus, für immer. In jenen Minuten vor einem halben Jahrhundert war ein Mann namens Emil Gallo, der irgendwo unweit der Donaubrücke wohnte, vom tief und barbarisch grollenden Motorengeräusch der sich nähernden sowjetischen Truppen erwacht. Er hatte seine Jacke über den Pyjama geworfen und war in hilfloser Wut auf die Straße gelaufen, direkt vor das Kanonenrohr eines zwischen Heeresamt und Künstlerhaus mit qualmendem Dieselmotor stehengebliebenen sowjetischen Panzer. Und hier vollzog der vor Zorn außer sich geratene Mann eine uralte Geste der Provokation, der Verzweiflung, des Aufs-Ganze-Gehens. Unbewusst stellte er Eugène Delacroix' berühmtes Gemälde »Die Freiheit führt das Volk« nach oder die in Frankreich seit dem 19. Jahrhundert allgegenwärtigen allegorischen Freiheitsstatuen der Marianne. Gallo riss sich die Pyjamajacke von der Brust und verlieh so, Auge in Auge mit der im Rohr des Panzers steckenden Granate, ebenjener Konfrontation von Macht und Demokratie symbolischen Ausdruck, den das architektonische Arrangement dieser Gegend seit den zwanziger Jahren so geflissentlich vermieden hatte. In diesem Moment drückte Ladislav Bielik auf den Auslöser seiner in einer Reisetasche versteckten Kamera.

In die Gewalt der Bildidee, die das damals entstandene Foto sofort trägerraketengleich in die Welt schoss und es seit 1968 um unser Bewusstsein kreisen lässt, ist die tiefe Unentschlossenheit und Formlosigkeit der Stadtlandschaft von Bratislava *ex negativo* eingegangen. Emil Gallo brachte am Fuß der Donaubrücke etwas auf den Punkt, was in den Straßen und Gebäuden um ihn schon seit fast einem Jahrhundert unausgesprochen bereitlag. Der einsame Mann vor dem Panzer zeigte der ganzen Welt, zu welchem Ausdruck, welchem Mut und welcher Tatkraft eine Gegend dann fähig war, von der seit dem Jahr 907 niemand mehr etwas erwartet hatte, und sie selbst vielleicht am wenigsten. Es ist sehr bezeichnend, dass das Foto Ladislav Bieliks (der in der Tschechoslowakei der »Normalisierungsperiode« nach 1968 freilich kein Copyright geltend machen konnte) jahrzehntelang nicht nur als die Arbeit eines westlichen Reporters, sondern überhaupt als eine Szene des »Prager« Frühlings gegolten hat (jahrzehntelang hat ja niemand gewusst, was man sich unter einem Land namens »Slowakei« vorzustellen hätte). Und es ist vielleicht nicht einmal ein Zufall, dass Emil Gallo, der Mann, der jene Weltgeste am Morgen des 21. August unten am Fluss unter Lebensgefahr ausgeführt hat, sich zwei Jahre später umbrachte, »aus familiären Gründen«, wie es in allen Artikeln, die ich darüber las, ein bisschen unlogisch und rätselhaft heißt. Ich aber habe, während ich in diesen Wochen meine empfindsamen Reisen durch die Straßen von Bratislava unternahm oder spät nachts auf meinem Balkon saß, den Eindruck gehabt, dass die Stadt um mich herum die symbolische Geste Emil Gallos jetzt wieder entdeckt hat und nach langer Mutlosigkeit zu sich zurückfindet.

Das Kattowitzer Gefühl

In den Jahren 2000 und 2001 habe ich damit begonnen, mich zu verschiedenen Jahreszeiten und in verschiedenen Lebenssituationen auf merkwürdig sentimentalische Tages- und manchmal auch Übernachtungsausflüge in das von Krakau aus ganz nah gelegene oberschlesische Industriegebiet zu begeben (als sei es an bestimmten Herbst- oder Frühsommerwochenenden das einzig mögliche Lebensziel, mich zwischen Katowice und Bytom aus der Welt und der Zeit zu verlieren). Auf diesen Fahrten, Spaziergängen und Stadtwanderungen durch Südpolen ist eine zunächst ganz unerklärliche Heimatanmutung (»das Kattowitzer Gefühl«) oft so stark geworden, dass ich mir in manchen Straßen und Hinterhöfen, auf gewissen weiten Plätzen, an deren Rand neugotische Backsteinkirchen stehen, viertelstundenlang mit aller Anstrengung meines Wachbewusstseins klarmachen musste, dass ich nicht gerade durch ein mir aus irgendeinem Grund unbekannt gebliebenes Viertel von Berlin wanderte; dass ich nicht in Hamburg oder in Stuttgart war. Sondern in Zabrze, dem ehemaligen Hindenburg, in Bytom/Beuthen, in

Myslowitz, in den mir zumindest vom Namen her schon früher bekannten Städten Gleiwitz oder Kattowitz, in Sosnowitz.

Seit der industriellen Revolution des 19. Jahrhunderts verfügte Preußen, das mächtige Rückgrat des dann bald gegründeten Deutschen Reichs, über zwei Industriereviere von gesamteuropäischer Bedeutung, von denen eins so weit entfernt vom brandenburgischen Kernland gelegen war wie das andere (und die damit gleich das preußische Eisenbahnschienennetz als wichtigste Infrastruktur des neuen Landes hervorbrachten): das Ruhrgebiet und Oberschlesien. Beide Gegenden bestehen bis heute aus einem Kontinuum ununterscheidbar ineinander übergehender Städte. Beide haben ihre architektonische und städtebauliche Gestalt um die Wende zum 20. Jahrhundert erhalten. »Erbaut 1900«, »Erbaut 1902«, »A. D. 1896« lese ich über den von ernsten, nackten und bärtigen Karyatiden getragenen Portalen der großstädtisch überdimensionierten Apartmentblocks, Hotels und Verwaltungspaläste in Bytom, Zabrze und Myslowice; dergleichen steht auch an den entsprechenden Bauten in Duisburg, Bochum, Essen und Hemer. In gewisser Weise kann man deshalb Ruhrgebiet wie Oberschlesien als preußische Kolonien sehen, die zwar über tausend Kilometer voneinander entfernt lagen, deren Häuser, Straßen, Villen, Fabriken und Parks aber in der gleichen Formgesinnung errichtet worden sind und die sich heute noch in derselben Weise und aus den gleichen Gründen ähneln wie im 19. Jahrhundert vielleicht Singapur und Hongkong sich ähnlich gesehen haben.

1961, als ich neun Jahre alt war, zogen meine Eltern mit mir von Süddeutschland nach Iserlohn, in eine am Rand des Ruhrgebiets gelegene Mittelstadt, die vor der Reichseinigung 1870 durch die Produktion von kleinen Stahlwaren wohlhabend geworden war: mit Nadeln, Schreibfedern und Metallknöpfen. Die Entscheidung, eine wichtige Eisenbahnmagistrale um die Stadt herumzuführen, hat ihre Entwicklung dann im zweiten Drittel des vorletzten Jahrhunderts gleichsam arretiert. Von da an ist es mit Iserlohn nur noch bergab gegangen (oder wenigstens nicht mehr bergauf; was bei Städten so gut wie dasselbe ist). Die heruntergekommenen Repräsentationsbauten des auf jene koloniale Weise städtebaulich unvollendeten und seither nur noch verwahrlosenden Stadtzentrums von Iserlohn sind auf den umliegenden Hügeln heute noch eingefasst von Parks, überdimensionierten Fabrikantenvillen, gusseisernen Straßenlaternen und Kastanienalleen, die einem, wenn man dort spazieren geht, ein freiluftmuseumsgenaues Gefühl dafür vermitteln, wie das Großbürgertum im 19. Jahrhundert gelebt hat. »Das zentrale Geschäftsviertel, das ehrlich gesagt nicht besonders imponierend war, ließ ich links liegen und kletterte steile Straßen mit immer schöneren, herbstlich erglühenden Laubbäumen hinauf, die freundliche Gewölbe über dem Katzenkopfpflaster stiller Fahrbahnen bildeten« heißt es in Lars Gustafssons Erzählung über »Die vier Eisenbahnen von Iserlohn«.

In einer jener Fabrikantenvillen war unsere Familie in den frühen sechziger Jahren eine Weile mehr gestrandet, als dass wir dort wohnten, in hohen Räumen, die durch

Zwischenwände verkleinert und eigentlich verschandelt worden waren, und wo in meinem Kopf seither die Romane und Kurzgeschichten J. D. Salingers über die New Yorker Familie Glass spielen. In der nahe gelegenen Schule, einem neugotischen Bau, der eine große Uhr im Giebelfeld seiner Backsteinfassade hatte, lernten wir das Deutschlandlied, zeichneten wir mit Buntstiften Querschnitte von Kohlebergwerken in unser Heft. Im Herbst ließ ich auf einer heideartig weiten, verlassenen und abschüssigen Wiese Drachen steigen. Undeutlich palastgroße Gebäude standen am Horizont. Mein Schulweg führte über lange Treppen mit eisernen Geländern, großen Bäumen, Felsen und stillgelegten neubarocken Brunnen. Auf einem dunklen, nach trockenem Holz riechenden Dachboden, an einem weißgestrichenen Küchentisch, baute ich Detektor- und später Röhren- und sogar Transistorradios und hörte in meinem Kopfhörer zum ersten Mal »I wanna hold your hand« von den Beatles.

Freud hat in seiner »Traumdeutung« bestimmte nächtliche Besuche in Städten, Zimmern, Häusern und Labyrinthen, die dem Träumer dann plötzlich bestürzend bekannt vorkommen, als durch unbewusste Zensur bearbeitete Frauenkörper gedeutet. Wenn Freud recht hat, könnten meine wiederkehrenden und immer sehr rührenden Traumbegegnungen mit allerlei Palästen, Städten, Dachböden und Zimmerfluchten Erinnerungen an eine Mütterlichkeit sein, die ich damals in die merkwürdig fragmentierten Überbleibsel der kolonialpreußischen Stadtlandschaft Iserlohns hineinphantasiert habe, auf der

Suche nach einem Halt in der Wirklichkeit, den mir damals, in den letzten zwei oder drei Jahren meiner Kindheit, schon niemand mehr hat geben können. Und überall, wo mir seither die großbürgerlichen städtebaulichen Arrangements des 19. Jahrhunderts begegnet sind: auf den gebogenen Straßen und den steilen Staffeln, die auf die Stuttgarter Villenhügel führen, am Rand des Hampstead Heath in London, im Blick aus draperieverhangenen Fenstern von Lódzer Fabrikantenpalästen auf Fabriken und Arbeitersiedlungen hinaus; und jetzt vor allem in den Straßen, Plätzen und Parks des oberschlesischen Industriegebiets – überall da war eine geträumte Wiese an einem innerstädtischen Iserlohner Abhang nicht weit, über der ein Drachen im Herbstwind fliegt, von der man auf wieder andere (ins Unendliche weitergehende) Hügel, Bäume und Häuserreihen sieht und an deren oberem Rand sich felsen-, bären- oder überhaupt prima-materia-haft kompakte und dunkle Gebäudebrocken türmen.

In der Phantasieschöpfung des späten Österreich-Ungarischen Kaiserreichs, dem ehemaligen Königreich Galizien und Lodomerien – in Tarnow, Krakau, Biecz und sogar noch auf dem durch eine Durchgangsautobahn für alle Zeiten zerstörten Marktplatz des oberschlesischen Bendzin –, sind ältere, noch spätmittelalterliche Kolonialatmosphären zu spüren als nordwestlich von Kattowitz. Die galizischen Städte entwickeln sich aus weiten, quadratischen, im 13. Jahrhundert auf gerodetem Land angelegten, für unabsehbare frühneuzeitliche Zukünfte geplanten Marktplätzen, auf deren Leere (die langen,

glühenden Sommer hindurch; an den düsteren Schnee-
tagen der kein Ende nehmenden Winter) Paläste und
Bürgerhäuser herabschauen, die von den italienischen,
deutschen, schottischen, flämischen, griechischen, arme-
nischen und jüdischen Entrepreneurs der Ostkolonisation und der Renaissance gebaut worden sind.

Diese Flächen, Perspektiven, Treppen, Denkmäler und
Fassaden könnte De Chirico gemalt haben. Die schnell
fliegenden Wolken der eurasischen Ebenen sind über
einem. Man befindet sich noch am Rand des Habsburgerreichs (die Hauptstadt heißt hier noch Wien), aber es
geht von diesen Plätzen schon nach Kiew, Odessa und
Nowgorod weiter, eigentlich schon nach Indien. »Als Ulrich gegen Abend des gleichen Tags in ...* ankam«, heißt
es in Robert Musils »Mann ohne Eigenschaften«, »und aus
dem Bahnhof trat, lag ein breiter, seichter Platz vor ihm,
der an beiden Enden in Straßen auslief und eine beinahe
schmerzliche Wirkung auf sein Gedächtnis ausübte, wie
es einer Landschaft eigentümlich ist, die man schon oft
gesehen und wieder vergessen hat.«

Die »beinahe schmerzliche Wirkung« auf das Gedächtnis, von der Musil spricht, ist allen Koloniallandschaften
eigen, eben weil sie eigentlich phantasierte Landschaften
sind (ein ganzes Volk hat sich so lange eingeredet, dass
sie zukünftig zu ihm gehören sollten, und ist manchmal
so viele Tode dafür gestorben; auch Jorge Luis Borges'
pampa gehört zur realen – oder vielleicht eben doch
eher literarischen – Gattung der kolonialen Landschafts-
phantasmen). Die Weite und Seichtigkeit jenes Bahn-

hofsvorplatzes der anonymen galizischen Stadt, in der Ulrich jetzt gleich seine Schwester Agathe treffen wird, ist ein koloniales Bild der österreichisch-ungarischen Reichsimagination. In Galizien wird jeder Bahnhofsvorplatz zu einem Bild Asiens: eines von hier aus unendlich weitergehenden flachen Kontinents (Drieu la Rochelle hat Borges gegenüber vom argentinisch-uruguayischen Kontinentalebenengefühl als von einem *horizontal vertigo* gesprochen).

Im preußisch-oberschlesischen Zabrze/Hindenburg kann man auf eine ganz andere Weise als hundert Kilometer weiter östlich spüren, dass man sich in der Kolonie eines vergangenen Reichs befindet. Hier liegt nicht der Traum von kontinentweiten Ebenen in der Luft, sondern die Imagination einer – allerdings auch unendlichen – Stadtlandschaft, deren Quartiere Berlin, Paris, London heißen. Und nirgends ist mir so klar geworden, was der preußische Kolonialismus gewesen ist und sein wollte, wie auf meinen Spaziergängen in der zweiten großen deutschen Industrielandschaft neben dem Ruhrgebiet, die zum Teil schon nach dem Ersten, vollends dann aber nach dem Zweiten Weltkrieg einem Land zugeschlagen worden ist, dessen Volk dort gar nicht zu Hause war oder hinwollte, sondern 1945 selbst aus der heutigen Ukraine oder Litauen vertrieben worden war und sich in fremden, entvölkerten Städten zurechtfinden musste, wo (wie mir eine polnische Freundin, die in Paczków aufwuchs, als eine ihrer eindrücklichsten Kindheitserinnerungen erzählte) noch auf den Wasserhähnen die Aufschriften für »warm« und »kalt« in einer Fremdsprache angebracht waren.

Denn um zu verstehen, was uns und den Polen miteinander passiert ist, muss man sich klarmachen, dass Stalin
in Jalta mit Duldung Roosevelts und Churchills ja nichts
anderes dekretiert hat, als dass Polen mal eben dreihundert Kilometer weiter nach Westen wegtreten sollte wie
ein Rekrut auf dem Exerzierplatz zwei oder drei Schritte
nach rechts oder links: dem besiegten Deutschen Reich
auf die Zehen. So dass es dem oberschlesischen Indus-
trierevier so erging, als sei zum Beispiel das Ruhrgebiet
vor fünfzig Jahren einem sozialistisch gewordenen und
hermetisch abgeriegelten Belgien zugeschlagen und im
Übrigen schnell vergessen worden; als könnten wir jetzt
erst wieder nach Dortmund, Castrop-Rauxel, Düssel-
dorf (oder nach Bayern oder Baden) fahren, um uns sehr
zu wundern, wie deutsch diese Städte aussähen, obwohl
sie doch in einem fremden Land liegen und im Übrigen
seit 1945 nicht mehr allzuviel dazugebaut oder auch nur
repariert worden ist.

Und so wollte es mir beim Gehen durch die langen ge-
raden Boulevards von Kattowitz scheinen, diese Straßen
seien so deutsch wie in Deutschland selbst keine mehr.
Karyatiden, Girlanden, Büsten, der industriell vorfabri-
zierte Bauschmuck der wilhelminischen Neorenaissance
mit all seinen Giebeln, Kolonnaden, Friesen sahen groß-
väterlich ernst auf mich herab, und im Fluchtpunkt war
eine neugotische Kirche sichtbar. Unter den Bäumen vor
der Musikakademie verwehten eines Samstagnachmit-
tags Klavierläufe und Celloklänge im Septemberwind,
und ich sah über die Eisenbahnlinie hinweg auf die
Backsteinflächen und Kirchtürme im Tal. Der hohe, für

Gebäude der weltlichen und geistlichen Macht verwendete Stil der wilhelminischen Kolonialarchitektur ist die Neugotik gewesen. Weiter oben am Hang, in den nach 1922 errichteten Prestigebauten der polnischen Administration, mussten ihre hysterisch in sich verkrümmten und auf sich selbst verweisenden Formen einem merkwürdig modernistischen, irgendwie heute noch sehr sinnfällig den transatlanischen Woodrow-Wilson-Geist der Zwischenkriegsperiode verkörpernden Klassizismus weichen. Auf den weiten Flächen vor dem sandsteinhellen, ernst-vernünftigen Gebäude des oberschlesischen Sejm und der Pantheon-Kopie der Kattowitzer Kathedrale (beide sind zwischen 1925 und 1927 gebaut worden) habe ich mich wie auf dem Platz vor dem Pariser Palais de Chaillot gefühlt und brauchte einige Zeit, bis ich vor den Kassettenfenstern, den wuchtig-urbanen Landhausformen, den vernachlässigten Rosenbeeten, hinaufblickend zu den wohnzimmergeräumigen Balkonen einer eleganten Apartmentsiedlung der Jahrhundertwende, in deren Innenhof ich an einem sehr heißen Julitag eine große Flasche Sprudel austrank, das ursprüngliche Kattowitzer Gefühl wiederfand.

Karawanenmusik

Als ich fast fünfzig Jahre alt war, entfernten sich durch
eine verwickelte Wendung meiner beruflichen Verhältnisse, gegen die mich wirksam zu wehren ich damals zu
schwach und zu konfus war, die Mittelpunkte meines
bisherigen Lebens – das Kind und die Arbeit – fast genau
tausend Kilometer weit voneinander. Mein Sohn war damals sechs. Als ich mich, für so lange wie bisher noch nie,
von ihm verabschieden sollte, um ein paar Tage später
nach Krakau im Süden Polens zu fliegen und dort meinen neuen Posten anzutreten, schlief er auf dem Rück-
sitz des Mercedes, in dem meine ehemalige Frau und ihr
Freund mich zu einem Bahnhof brachten, von wo ich
allein weiterfahren würde – direkt ins Nichts, wie mir
damals schien. Es war tiefer Winter, es war dunkel, es
war Abend. Wir hatten ein paar Tage zwischen Weih-
nachten und Neujahr zusammen bei seinen Großeltern
verbracht. »Vielleicht lassen wir ihn schlafen«, sagte seine Mutter. »OK«, sagte ich. Ich war so traurig, dass ich
schon nicht mehr klar denken konnte. Als ich aussteig-
gen wollte, wachte mein Sohn auf und umarmte mich

schlaftrunken. Es war, als wollte er mich, so schwach er war, für immer festhalten. »Oh, Papa«, sagte er, »wann kommst du wieder?«

Dieser Abschied war nur möglich geworden, weil er ein Versprechen beinhaltete. Die sechs Jahre zuvor hatten wir uns, mit ein paar seltenen Ausnahmen, jeden Tag gesehen. »Ich werde so oft zu dir kommen, wie ich kann«, hatte ich ihm jetzt immer wieder gesagt. »Wir werden viel zusammen sein, jeden Tag telefonieren und ich werde immer an dich denken, wenn ich nicht bei dir bin.« Drei Wochen später war ich schon wieder in München. Ein verlängertes Wochenende lang gingen wir nachmittags zum Rodeln und gingen erst heim, als es dunkel wurde. Am letzten Tag sahen wir uns den Zoo an, der ganz verschneit war und in meiner Erinnerung in tiefer Dämmerung daliegt (wir beide als kleine Figuren von hoch oben gesehen, wie wir Hand in Hand vor den Käfigen stehen oder auf den weißen Wegen durch den Tierpark Fangen spielen; das Dunkel um uns nimmt zu und wird schließlich undurchdringlich). Ich weiß noch, dass er dann am nahen Isarufer noch ein bisschen in einer Art innerem Film spielte, in dem wir beide Jäger waren und im Wald (unter den Bäumen, die dort kahl und schwarz standen) allerlei phantasierte Tiere teils jagten, teils beschützten.

Aber vielleicht ist es überhaupt nur in meiner Erinnerung an diese Wintertage so dunkel. Denn in Wirklichkeit wurde mir bald schon klar (mit einer Mischung aus Erleichterung und ungläubigem Staunen), dass es mit meinem Sohn und mir, wenn wir uns dann wiedersahen, jedes Mal genauso war, wie es in den Jahren zuvor zwischen uns immer gewesen ist. Ich merkte, dass ich mein Versprechen würde halten können. Die Jahre der Reisen zu meinem Sohn hatten begonnen. Die Februartage unseres nächsten Treffens, das bei Freunden im Hohenlohischen stattfinden sollte, waren dann schon fast vorfrühlingshaft. Ich hatte zuerst eigentlich gar nicht hinfliegen wollen. Noch einige Tage zuvor hatte mich, geschwächt wie ich durch die Übersiedlung und die innere Anspannung war, ein Fieber erwischt, das noch nicht völlig überwunden war. Als ich mit einem am Frankfurter Flughafen geliehenen VW-Polo in das nächtliche Franken hineinfuhr, kam im Radio das langsame und traurige Tanzlied »Chan-chan«, gespielt von alten kubanischen Musikern und Ry Cooder, dessen Slidegitarre ich ganz am Ende dann auf einmal erkannte.

Wieder war es Abend, wieder herrschte tiefe Dunkelheit. Ein Flugzeuggefühl in dem fabrikneu riechenden Auto. Draußen die rotglänzenden Bremslichter, die blauweißen Verkehrsschilder im Fernlicht, die Schneereste, die leeren Bäume und eine spätwinterliche Weinberglandschaft im schnellen Vorüberfahren. Und die seltsam feierliche Nummer (für mich wurde sie dann gleich eine »Karawanenmusik«, wie Peter Handke ein anderes Lied irgendwo genannt hat), in deren Text es um die mühsam-sehnsuchtsvolle Überwindung weiter Strecken und irgendwelcher Berge geht, ist mir dann jedes Mal, wenn ich sie später hörte, als so etwas wie die Hymne jenes väterlichen Reisegelübdes vorgekommen, das mich in den nun folgenden sieben Jahren zehn- bis fünfzehnmal

im Jahr zwischen Südpolen und Bayern hin- und hergeführt hat.

Am Anfang unternahm ich meine Pilgerfahrten mit dem
Flugzeug und der Bahn, nach zwei Jahren aber dann
meistens in einem dunkelblauen »Mégane Scénic«, den
ich mir, der öffentlichen Verkehrsmittel überdrüssig,
schließlich kaufte. Und erst jetzt, als Autobesitzer, lernte
ich die über ein Jahrtausend alte Trasse oder Fernhan-
delsstraße kennen (im Mittelalter ist sie wohl eher ein
ausgedehntes System von parallelen Saumpfaden, Hohl-
wegen, Furten, Abkürzungen, Umwegen gewesen; mehr
eine Durchzugsgegend als das, was wir uns heute unter
einer Straße vorstellen), die seit die Wende zum zweiten
Jahrtausend von Regensburg über Pilsen nach Prag und
durch die Mährische Pforte bei Cieszyn nach Krakau geführt hat (und von dort über Lemberg weiter nach Kiew
und Odessa; in letzter Hinsicht durch die Wüsten und
Steppen des Kontinents nach China und Indien).

Dieses Tausende von Kilometern lange Bündel von
Pfaden (dessen Verlauf die heutigen Landstraßen und
Autobahnen nur ungefähr nachzeichnen) ist im zehnten Jahrhundert in einer Landschaft entstanden, deren
Verlassenheit, Wildheit und Gefährlichkeit wir uns heute nicht mehr vorstellen können. Nur noch in manchen
Träumen mag sie uns erscheinen. Noch im Hochmittel-
alter war »das Abendland ein bunt zusammengewürfeltes
Gemisch von Domänen, Burgen und Städten, wie sie
im Laufe der Zeit inmitten großer, unbebauter Einöden
entstanden waren. Wobei unter Einöde der Wald zu ver-

stehen ist, der zu dieser Zeit für den Westen dasselbe bedeutet wie die Wüste für den Orient«, schreibt der Historiker Jacques Le Goff. Der südliche Handelsweg von Süddeutschland ans Schwarze Meer über die Donau (er hatte seit Menschengedenken, seit der Antike, Westeuropa mit dem Morgenland verbunden) war um das Jahr 900 durch den Einfall der Ungarn unpassierbar geworden. Die ungleich gefährlichere und knochenbrecherisch beschwerliche Nordroute über Land, die der Fernhandel auf dem Weg vom Rheinland zum Schwarzen Meer jetzt nehmen musste, ließ Böhmen, Mähren, Südpolen aufblühen und die dortigen Städte und Fürsten reich werden.

»Es war in unseres Lebens Weges Mitte, als ich mich fand in einem dunklen Walde;/ denn abgeirrt war ich vom rechten Wege.« Mit dieser Verlorenheit beginnt Dantes »Divina Comedia«. Auch ich hatte, wie es mir damals oft vorkam, auf der Mitte meines Lebenswegs die Richtung verloren und mich in einem dunklen Wald wiedergefunden. Wenn ich frühmorgens aus meiner Krakauer Tiefgarage fuhr (hatte ich auch wirklich den Herd ausgemacht?), mich durch die noch halb schlafende Stadt auf den Autobahnzubringer fädelte, eine Tagesreise vor mir, standen die Wälder, durch die diese Trasse im elften Jahrhundert geführt hat, für ein paar unbewachte Momente, wenn ich nicht genau hinschaute (aus dem Augenwinkel gesehen oder mit einem inneren Auge) auch um mich und meinen Weg. Als es diese Urwälder noch wirklich gab, hatte man von Krakau nach Prag drei Wochen gebraucht. Ich würde an diesen Tagen im Auto, wenn es gut lief, schon am frühen Nachmittag an den heute dort gelegenen Lastwagenkarawansereien, Fernfahrerkneipen und Autobahnkreuzen vorüber sein und auf jenem Abschnitt des Karawanenwegs, der im Spätmittelalter »Goldener Steig« hieß, über Pilsen den blau in der Entfernung dastehenden Sudetenbergen entgegenfahren und dann nach Bayern hinein.

Noch in der Morgendämmerung aber, kurz vor Bielsko-Biała, treten die Höhenzüge der Beskiden als kompakte und vag bedrohliche Mauer aus der Ebene hervor. Die schlechte Autobahn der sozialistischen Jahre verliert sich hier vollends in einem Hindernisparcours aus Schlaglöchern, Umleitungen, Baustellen und Staubfahnen. Bielsko-Biała ist ein freundliches, wenn auch in den letzten Jahrzehnten geradezu gemeingefährlich heruntergewirtschaftetes Grenzstädtchen, dessen architekturgeschichtliche Hauptattraktion in einem absurd großen österreichischen Hotelbau voller Erker, Söller, Türmchen, Dachfirste, Treppenaufgänge und Portieren besteht. In einem sinnlos überdimensionierten Speisesaal dort, in dem es nach Desinfektionsmittel und kalter Hühnersuppe roch, habe ich auf einer Dienstreise, 2001 glaube ich, einen Tee getrunken und über den Beitrag des Goethe-Instituts zu irgendeinem Theaterfestival nachgedacht. Aber draußen auf dem Highway, beim Vorüberfahren auf dem Weg nach Deutschland, in der Wildnis eines Wintermorgens und sogar zwischen den blühenden Apfelbäumen im Frühling, haben die für sich betrachtet kaum mehr als mittelgebirgshohen Abhänge, Bergwälder, Schluchten der Beskiden etwas Unüberwindliches, Gefährliches; als hätte man nie zuvor Berge gesehen.

Zugleich aber leuchtet einem das Wort »Mährische Pforte« (das man, indem man, der Schnellstraße folgend, nach Westen abbiegt, unwillkürlich vor sich hinmurmelt) jetzt ein mit der Durchschlagskraft einer abgegriffenen Metapher, die in einer Krisensituation ihre überlieferte Wahrheit und Gewalt aus sich entlässt. Die Abhänge rücken der Straße, von der man zu fühlen meint, wie uralt sie ist, zu beiden Seiten näher. Die Kolonnen der Lastwagen werden dichter und behindern den Verkehr oft bis zum Stillstand. Ein Durchgang oder Korridor ist entstanden, in den man hineinfährt, über voralpenhaft dramatische Berg-auf-und-ab-Fahrten, augenblicksweise mit weiten Ausblicken in die hinter einem liegende Ebene, der polnischen Grenze zu. Die erreicht man in Cieszyn, der südlichsten, früher schon zu Österreich gehörenden Landstadt Schlesiens. Dort bin ich viele Jahre im Juli gewesen, bei einem Filmfestival mit Musik-, Theater- und Kunstveranstaltungen. Ganz Krakau und halb Warschau trifft sich vierzehn Tage lang in den verschnörkelten Jugendstilstraßen um das mittelalterliche Schloss (ein heißer Samstagnachmittag 2004, als mein Sohn eine Flugreise zu mir am Abend zuvor abgesagt hatte; Streit und poetische Versöhnungen mit dir ein Jahr darauf; so viele Geschichten, während die Zeit vergeht).

Jetzt, aus dem Auto heraus, sieht die linkerhand in einem weiten Flusstal daliegende Doppelstadt Cieszyn weitläufig und südländisch aus. Man braucht beim Spazierengehen dort den Pass an der polnisch-tschechischen Grenze, die in der Innenstadt am Flussufer verläuft. Aber schon fahren wir durch Obstgartenlandschaften, an romantischen Schlossmauern entlang, über skandalös provinzielle Sträßchen, mit verzweifelt-absurden Überholmanövern beschäftigt, die dann doch nur wieder hinter einem der qualmenden und bösartig aufröhrenden Ostblock-Lastwagen enden, von denen wir gar nicht geglaubt haben, dass es sie überhaupt noch gibt, oder auch hinter einem der eleganten westlichen Trucks, die wie Bruchstücke eines futuristischen Intercity wirken und für die hier fast hundert Kilometer weit doch keine andere Trasse bereitsteht. Die Quälerei hat ein Ende vor Frýdek-Místek, einer anderen Doppelstadt, wo im Mittelalter eine Furt durch den Fluss führte. Die Landstraße weitet sich jetzt zu einem zweispurigen Highway (noch ohne Mittelstreifen), der bei Olmütz in eine richtige Autobahn münden wird. Und hier in Frýdek-Místek ist es ein fast schockartig überraschender Großeindruck, der den Blick schärft für die Architekturen, die der Fernweg von Regensburg nach Odessa an seinem böhmischen und mährischen Rand hervorgebracht hat.

Denn der erste Vorposten dieser tausend Kilometer langen, in drei Ländern liegenden *Stadt am Weg* ist eine auf den ersten Blick völlig deplatziert wirkende Rokoko-Kirche. Sie steht inmitten eines sozialistischen Neubaugebiets direkt an der Kreuzung vor einem, wenn man das Flusstal aufwärts die gegenüberliegende Höhe erreicht hat, wo es wieder ebenerdig weiter in die mährische Ebene hineingeht. In der Nachbarschaft der Plattenbauten mutet der verschwenderisch verspielte Bau fast frivol an. Die gelb gestrichene Front, der Turm mit der komplizierten Dachkrone, das Gnadenbild der Maria, zu dem im 18. Jahrhundert aus Polen und Mähren berühmte Pilgerwege führten. Sahneweiße Heilige, Engel, Kapitelle, geschnitzte Holztüren; eine noch halb benommene Pause, ein kurzer Spaziergang im Kirchhof (die Straße rauscht nah und unaufhörlich); und weiter.

Auf die Burgruine Hukvaldy eine halbe Stunde westlich von hier bin ich an einem anderen Frühlingsmorgen mühsam gestiegen und habe auf die sich weit ins Land hineinbiegende Straße geschaut, auf der ich hergekommen war (die Karawanenmusik spielte wieder in meinem Kopf, und ich wusste, dass ich weiter musste). In Starý Jičín dann wieder eine Burg, ein kleines, fast nur kapellenartiges Kirchlein weiter unten am Hang. Mein Auto wirkte in den Gassen und auf der Schotterstraße den Hang hinauf fast zu groß für diesen Ort.

In Nový Jičín, dem früheren Neutitschein, bin ich unter den Arkaden auf dem quadratischen Platz umhergewandert (früher wurde hier jahrhundertelang nur Deutsch gesprochen). In Příbor auf einem ganz gleich aussehenden Platz (Grundriss und Fassadendesign der Kolonistenstädte des Spätmittelalters waren so standardisiert wie das Magdeburger Stadtrecht, das hier überall herrschte) habe ich an einem Sommertag Kaffee getrunken und über Sigmund Freud nachgedacht, dessen Vater hier sein Haus hatte und seinen Wollhandel. Von hier aus ist der Liebling und Erstgeborene seiner Mutter aufgebrochen und ein reicher, gelehrter Gentleman in Wien geworden, der in London sterben würde. Seitdem würde jedes Nachdenken darüber, was ein Mensch ist, bis in alle Zukunft ganz anders sein als vor ihm und seinen

Büchern (die jetzt weltgeschichtliche Fakten sind wie Schlachten oder Staatsgründungen). Ich blinzelte in die Sonne, schaute die Gasse zu der längst entweihten und von niemandem mehr benutzten Synagoge des Orts hinunter, dachte daran, dass ich bald weiter musste. Mir fiel ein, wie der große, alte, schon sehr kranke Mann, als er nach einer Hausdurchsuchung der Gestapo unterschreiben musste, dass er nicht misshandelt worden und alles noch da sei, seine Notiz mit dem Satz geendet hatte, »und so kann ich die Gestapo jedermann wärmstens empfehlen«. Und ich war wieder begeistert davon, welch unzerstörbares Selbstbewusstsein, wieviel furchtloser Sinn für Komik und schiere Genialität in dieser innereuropäischen Kolonisationsgegend einmal zu Hause gewesen und bis heute überall auf der Welt wirksam ist.

An einem Vorfrühlingstag 2002 bin ich noch am Vormittag hier vorbeigekommen. Und ich beschloss, da ich gut in der Zeit war, einen jüngst gelesenen Zeitungsartikel über die Stadt Telč zur Anregung zu nehmen und für eine verlängerte Mittagspause, statt der Straße nach Olmütz und auf die Autobahn weiter zu folgen, mich nach Süden zu wenden und mir Telč anzusehen. Ich kannte die Gegend südlich der großen Trasse schon ein bisschen. Ein Vierteljahr zuvor war ich im tiefen Winter durchgefahren. Ich hatte einen Umweg machen müssen, weil die eigentliche Schnellstraße, auf der eine Lastwagenkarawane im hohen Schnee steckengeblieben war, einen düsteren und sich dann (so schnell, dass man zusehen konnte) in Abend und tiefe Nacht verwandelnden Nachmittag lang gesperrt gewesen war. Jetzt aber lag erstes Grün über den

Bäumen und Feldern, und wenn man das Autofenster aufmachte oder für einen Moment ausstieg, spürte man warmen, unbestimmt verheißungsvollen Wind auf dem Gesicht. Märchenhaftigkeit verdichtete sich in der verlassenen Landschaft, je weiter ich nach Südwesten fuhr. Immer kleiner und enger und zuletzt schmal wie Feldwege wurden die dann plötzlich auch heckengesäumten oder sich kilometerlang in Alleen verwandelnden Straßen, auf denen ich meinen Weg nach Telč mit Hilfe einer Landkarte und der missverständlichen tschechischen Wegweiser suchte. Ein verwunschenes Terrain, in dem ich im Kreis zu fahren schien, sanfte Hügel, Obstwiesen, Wälderkuppen, und von einem Moment auf den anderen spiegelten sich ein Kirchturm und gotische Stadtbefestigungen in dem ausgedehnten Fischteich, der Telč von allen Seiten umgibt.

Werner Herzog hat seinen Woyzeck-Film mit Klaus Kinski und Eva Mattes hier gedreht. Die in spektakulärer Vollständigkeit erhaltenen und restaurierten Arkadenhäuser des langgestreckten Marktplatzes, eine Fassade aufsehenerregender als die andere, rosafarben, ockergelb, hellblau, mit geschwungenen Dachfronten, mit Friesen, allegorischen Skulpturen, gemeißelten Fensterumrahmungen, grotesken Ecksteinen und jeder denkbaren Verschwendung geschmückt, gaben mir dann einen Begriff davon, was Stadtbaukunst hervorbringen kann, wenn sie sich ohne Hemmung, ohne nennenswerte äußere Bedrohung und ohne die Ideologie der Askese und Weltflucht dem Ideal der Schönheit hingibt (wenn sich auch in Telč allerdings, wie man dann gleich einschränken muss, eine etwas idyllisch-eingeschränkte, kleinstädtische und pfahlbürgerhafte Auffassung von Schönheit durchgesetzt hat, nicht der große Entwurf einer fürstlichen Zentralperspektive und -planung).

Die sah ich dann auf einer anderen Reise ein paar Wochen später unweit von hier, in Kroměříž. Es ist schon ein paar Jahre her. Aber jetzt, im Mai 2006 gegen sechs Uhr, an diesem Sommermorgen in Bratislava mit roter Frühsonne auf den Hochhäusern vor meinem Fenster, voller Amselgesang und Straßenbahnquietschen, kann ich auf der Internetseite des tschechischen Kroměříž den Bischofspalast an der nördlichen Ecke des Marktplatzes in Echtzeit sehen, die ernste Eleganz seiner italienischen Barockfassade, die sich majestätisch und arrogant über den geduckten Bürgerhäusern mit den Laubengängen erhebt und in den Turm hinein aufgipfelt. Die rundlichen Formen seiner Haube, merkwürdig wenig zum barocken Hochmut des übrigen Gebäudes passend, aber mit einer gemütlich-knödeligen Provinzialität sehr hierher gehörig, gleichsam mährisch-heimatlich anmutend. Die Aufwärtsbewegung der Konstruktion ist unterbrochen von einer kleinen, säulengetragenen Plattform, auf der Tauben herumspazieren können. Allmählich wandert die Internet-Morgensonne tiefer auf den Flächen der Häuser und erreicht jetzt schon fast den Fuß des Schlosses. Mit den ruckenden Bewegungen, wie eine Webcam sie liefert, ziehen Fußgänger über den Platz, fahren Lieferwagen und Autos an seinem Rand entlang und biegen in Seitenstraßen. Es ist ein früher Montagmorgen im europäischen Sommer.

Nach dem Dreißigjährigen Krieg verwandelte ein Graf aus dem Haus Liechtenstein, der in Olmütz Erzbischof geworden war, das Schloss und seine Gärten in eine Art Las Vegas des internationalen Hochadels, der hier mit Vorliebe seine Konferenzen und Treffen abhielt, seine Bälle, Festmähler und galanten Spaziergänge im magischen Quadrat des Renaissanceparks zelebrierte. An einem Sommervormittag vor vier Jahren lag dieser quadratische Garten verschlossen und nur mit sich beschäftigt vor den hohen Fenstern, während ich in der berühmten Gemäldegalerie herumging, die seit der Gegenreformation in diesem abgelegenen kleinen Ort ist und sich mit ihren Cranachs, van Dycks, Carraccis, Veroneses, Bruegels und Tizians doch nicht verstecken muss vor den Hauptattraktionen der Münchner Alten Pinakothek, der Dresdner Gemäldegalerie oder des Louvre.

Es gibt auch einen Hochadel der Gemälde. Die Dynastien dieser Bilder sind so länderübergreifend miteinander verwandt wie die europäische Schicht, der sie einmal gehört haben, und sie sind heute noch in deren Palästen untergebracht. Sie folgten den zum größten Teil längst vergessenen Großen der Alten Welt auf ihren Eroberungszügen, wechselten in ihren Mitgiften die Schlösser und Länder, wurden von ihnen geraubt, gekauft, verschenkt und überlebten sie zuletzt. Uns heute jedenfalls sind der Louvre, der Prado oder eben der Palast von Kroměříž nur noch als Aufbewahrungsstätten dieser Bilder ein Begriff, nicht mehr als Wohnungen der Könige, Herzöge, Erzbischöfe und Kurfürsten, zu deren Besitz sie einmal gehört haben und deren Namen wir uns nur noch mit Mühe merken können. Es ist erst ein knappes Dutzend Generationen her, dass jene Menschen nicht nur der Inbegriff der Macht auf Erden gewesen sind, sondern auch lebendige Bilder der Schönheit, des Traums und des größeren Lebens. Und eine verwandelte Form ihrer Macht und Strahlkraft ist in den großen Bildern immer noch zugänglich, in jenen Leonardos, Raffaels, Vermeers, Rembrandts und Géricaults, zu denen wir heute noch pilgern, als könnten sie uns verstehen und vielleicht heilen.

Und auch darin gleichen diese international berühmten Leinwände jenen vergessenen Schlossherren, dass ihre Anziehungskraft und ihr Geheimnis auf eine schwer bestimmbare Weise mit den Grausamkeiten im Bunde sind, die auf ihnen dargestellt sind oder die von ihren ehemaligen Besitzern begangen wurden. Die zeitgenössische Filmindustrie hat ein genaues Gespür für diesen Zusammenhang. Schon in dem Hollywoodfilm »Hannibal« mit Anthony Hopkins und Julianne Moore spielen berühmte Gemälde eine Hauptrolle, und die (zum Teil ja wirklich haarsträubenden) Folterszenen, Unfälle, Hinrichtungsarten aus der großen Renaissancekunst treten in die moderne Wirklichkeit (zumindest des Films) und gehen als Albträume in ihr um. Und in »The DaVinci Code«, der in der Slowakei, in Tschechien und Polen gerade in diesen Tagen in die Kinos kommt, erreicht uns die Botschaft der alten Gemälde in blutigen Arrangements, durch Morde oder Selbstmorde, die als Chiffren oder Allegorien inszeniert sind.

In Kroměříž ist es Tizians »Schindung des Marsyas«, das berühmteste Gemälde des Landes, vor dem wir fassungslos stehen bleiben, aus dem Konzept gebracht durch die widerstrebenden Gefühle, die das entsetzliche Geschehen auf dem Bild und die flirrende, protoimpressionistische Machart des über mannshohen Gemäldes in uns aufrühren. Man hat es mit Picassos Guernica verglichen und erstaunt bemerkt, dass es ins 20. Jahrhundert viel besser passen würde als in seine Entstehungszeit. Aber diese Lesart scheint auf eine Verharmlosung des 16. Jahrhunderts zurückzugehen. Wie Schlachtvieh hängt der haarige Satyr, der Apollos Saitenspiel zum musikalischen Wettkampf herausgefordert hatte, kopfunter an einem Baum und erwartet seine Häutung (das Messer ist an zwei Stellen schon angesetzt). Die Arme hat er unpassend graziös über den Kopf gelegt (wie du am Morgen, wenn ich aufstehe, um ein bisschen zu schreiben, und dich noch eine Weile schlafen lasse). Mit leicht gedrehtem Kopf hat er von unten den Blick auf den Betrachter gerichtet, als lausche er auf eine Musik, die von irgendwoher zu ihm dringt (als wolle er uns, die er fixiert und die wir uns unwillkürlich zum Handeln aufgerufen fühlen, auf sie aufmerksam machen; die wir doch, »wie angewurzelt«, vor ihm stehenbleiben). Es könnten die Klänge aus einer Art Bratsche oder Fiedel sein, die ein engel- oder genienhafter junger Mann am linken Bildrand in der Hand hält. Aber der hat den Bogen noch gar nicht auf die Saite gesetzt und blickt selbst erstaunt und fast erschrocken in den Himmel. Wir verstehen plötzlich, dass von dort her eine höhere, eine alles verwandelnde Musik in die Szene dringt. Das ganze Gemälde ist jetzt von Musik erfüllt.

Von links machen sich schon die Schinder zu schaffen, die blitzenden Messer mit fast zärtlicher Behutsamkeit ansetzend. Von rechts schleppt ein anderer Satyr oder vielleicht Dionysos selbst, der sich unterworfen und Marsyas preisgegeben hat, Wasser in einem Eimer herbei. Ein Putto hält am rechten Bildrand einen großen, knurrenden Hund zurück. Ein kleinerer, er sieht wie das Schoßhündchen einer Hofdame aus, leckt am unteren Rand des Bilds von dem ersten Blut, das auf den Boden fließt. Und ein alter Mann, in dem man ein Selbstporträt des Malers selbst gesehen hat (Tizian malte die »Schindung des Marsyas« im hohen Alter), betrachtet, das Kinn auf die Hand gestützt und den Ellenbogen auf das übergeschlagene Knie, die entsetzliche, sinnlos erscheinende Szene, die aber jetzt, wie wir zu ahnen beginnen, gleich ganz erfüllt sein wird von einer dröhnenden Himmelsmusik, in der Marsyas' Schmerzensgebrüll ebenso untergehen wird, wie wir nach einiger Zeit vor diesem Bild zu vergessen beginnen, wie furchtbar das Dargestellte eigentlich ist. So heben sich die Schmerzen der Niederen (das scheint Tizian zum Ausdruck bringen zu wollen) auf in einem höheren Gang der Dinge, der nur von einem göttlichen Gesichtspunkt aus zu überblicken ist. Die neuplatonische Geheimlehre der Renaissancemaler aber hat die Häutung des Marsyas gedeutet als Verwandlung der tierischen Natur des Menschen in seine sublime Erscheinungsform durch das Leiden und die Kunst. »Was ziehst du mich von mir selbst ab?«, fragt Marsyas den Gott in Ovids »Metamorphosen«.

Wir aber fahren eine halbe Schnellstraßenstunde weiter nach Westen. Im kartentischebenen Gelände, das zu einem Bach hin (heute: der hier durchführenden Autobahn) sanft abfällt, standen am 2. Dezember 1805 neunzigtausend österreichische und russische Soldaten fünfundsiebzigtausend französischen gegenüber, die von Napoleon Bonaparte befehligt wurden. Der dichte Nebel, in dem die Schlacht von Austerlitz gegen sieben Uhr morgens begann, wich bald einem legendären Sonnenschein, während auf einer Länge von zwölf Kilometern die verschiedenen Heeresteile aufeinander einschlugen: *le beau soleil d'Austerlitz*, von der sich die Überlebenden mit unbestimmtem Schauder noch lange erzählten. Am frühen Nachmittag war alles vorbei. Das Heilige Römische Reich Deutscher Nation war untergegangen. »Eine Armee von 100 000 Menschen, befehligt von den Kaisern von Russland und Österreich, ist in weniger als vier Stunden aufgerieben und verstreut worden.« So fasste der siegreiche Usurpator, der jetzt ein paar Jahre lang unumschränkter Herrscher über Europa sein würde, im Bulletin an seine Soldaten die Ereignisse zusammen. »Wer euren Klingen entkam, ertrank in den Seen. Vierzig Fahnen, die Standarten der russischen Leibgarde, 120 Kanonen, zwanzig Generäle und mehr als 30 000 Kriegsgefangene sind die Ausbeute dieses auf immer berühmten Tages. Ihre so gerühmte Infanterie hat trotz ihrer Überzahl eurem Ansturm nicht standhalten können, und von nun an habt ihr keine Gegner mehr zu fürchten.«

Ein strahlend sonniger Herbsttag lag dann im Park um das Schloss von Austerlitz. Sanft schaukelnd segelten gelbe Kastanienblätter durch die stille, warme Luft, und der Kies knirschte unter meinen Schuhen, während ich auf den Wegen bis dorthin vordrang, wo die Schlossmauer schon wieder an den Verkehrslärm und die schreiend bunten Reklamewände der heutigen Stadt grenzt. Wolken und Krähenschwärme flogen im tiefblauen Himmel. Oder: An einem nebligen, fast schon dunklen Winternachmittag gegen drei kam ich aus dem weiten hufeisenförmigen Hof des Schlosses in ein leeres, kaltes, dunkles Treppenhaus. Seine Stufen und Absätze verloren sich über mir im Dämmer, und aus einem höher gelegenen Stockwerk näherten sich Schritte. Nach einer Art Flucht stand ich wieder im weißen Dunst des barocken Karrees, in dem sich die Schwärze und Kälte des spätnovemberlichen Nachmittags sammelten. Dann wieder sich ausbreitende Wärme und der Geborgenheitsgeruch im Innern meines Autos (die Geborgenheit roch auf diesen Reisen nach Plastik); eine Cola, ein Sandwich an der nächsten Autobahnraststätte. Ein neues Hörbuch im CD-Spieler (es war an diesem Winternachmittag, 2002 glaube ich, »The Great Gatsby«). Ich wollte noch vor dem Einbruch der wirklichen Dunkelheit wenigstens hinter Prag sein.

»Was ziehst du mich von mir selbst ab?« Lange Autofahrten sind, das soll nicht verschwiegen werden, neben vielem anderen auch überraschend wirksame Meditationsübungen. Besonders nachdem ich die Strecke Krakau – München auf dem alten europäischen Karawanenweg schon zwei oder drei Jahre lang jeden Monat mindestens einmal gemacht hatte und im Grunde jedes

Verkehrsschild, jede Beschleunigungsstrecke, jede Ampel und jede Raststätte kannte, nachdem sich die Strecke also sozusagen von selbst fuhr, begegneten mir im Fahren, Musikhören und Träumen die merkwürdigsten Gedanken und Gefühle, die vom Schaukeln meines Renault Scénic, von der mir unaufhörlich entgegenfliegenden Landschaft, von der Musik, vom Genuss des Schaltens, Lenkens, Beschleunigens an die Oberfläche gelockt worden waren und die ich anders vielleicht nie kennengelernt hätte. Man ist auf solchen Fahrten dann plötzlich ganz allein mit sich selbst, nicht nur ein paar Momente lang, wie es einem im alltäglichen Leben auch begegnen mag, sondern über Stunden und Tage.

Die innere Bewegung wurde zum Beispiel ausgelöst durch die Arie »Sollt ich meinen Lebenslauf« in Bachs Kantate BWV 153, als ich an einem Märzmorgen des Jahres 2005 stundenlang nicht mehr aufhören konnte, auf eine ausgesprochen wollüstige, mir bisher vollkommen unbekannte Weise zu weinen. Ich hatte die CD mehr oder weniger aus Zufall dabei und zunächst eher aus Not und in Ermangelung fetzigerer Reisemusik in den CD-Spieler eingeschoben. »Sollt ich meinen Lebenslauf / Unter Kreuz und Trübsal führen / Hört es doch im Himmel auf / Da ist lauter Jubilieren / Daselbsten verwechselt mein Jesus das Leiden / In ewige Wollust, in ewige Freuden.« Und jetzt fiel mir der Traum von einer Wohnung ein, in die mich mein Unterbewusstsein auf einer geträumten Wohnungssuchreise nach Bratislava geführt hatte (wohin ich bald übersiedeln sollte). Die slowakische Hauptstadt war auf einmal eine südliche Stadt am Meer; sie hatte sich im Traum unter der Hand in eine Hafenszene von Poussin oder Lorrain verwandelt.

Ich stieß in jener Traumbehausung das Fenster auf. Es ging auf ein kleines Hafenbecken hinaus, in dem Segelschiffe vertäut lagen. Und bis weit in den blauen Himmel hinauf stiegen zu allen Seiten meiner (wie ich im Traum dann mit vollkommener Sicherheit wusste) neuen Wohnung Felswände empor, auf denen dunkle mediterrane Bäume standen, weiße Häuser oder Kirchen. Und indem ich mich in das warme, klare Wasser hinunterließ und hinausschwamm, kam mir das alles so bekannt vor, als hätte ich es in einer anderen Welt oder einem früheren Leben gesehen. Das unerwartete Aufeinandertreffen meines so offensichtlich neuheidnisch-idyllischen, vage erotischen Traums vom Paradies mit der evangelischen Sterbens- und Jenseitsminne meiner Jugend machte mich innerlich auf einmal so mürb und fertig, dass es wirklich zum Schwerreligiöswerden war. Und dieses Erlebnis hat mir in der Folgezeit dann auch wirklich geholfen, ruhiger, wurstiger und mit einigen sehr irdischen Schwierigkeiten überraschend souverän fertig zu werden.

Auf einer anderen (ich glaube: spätherbstlichen) Fahrt von München nach Krakau gelang es mir, mich unterm Anhören einer Vortragsserie der amerikanischen »Teaching Company« über die altgriechische Geschichte derartig in den Kampf gegen die Perser hineinzuversetzen, dass mir die spartanische Tapferkeitsaufsteifung an den Thermopylen, die weitsichtigen Planungen des Themistokles, schließlich die feierliche Überlegung, all das habe überhaupt erst so etwas wie das »Abendland« und seine Kultur möglich und von etwas anderem unterscheidbar gemacht, Tränen in die Augen steigen ließen – und dann ein sich steigerndes, über Stunden immer wieder einsetzendes enthusiastisch-schamfreies Flennen hervorbrachten, in dem sich irgendetwas heute längst Vergessenes abarbeitete und das mich erfrischt, klaren Auges und auf wohlige Weise erschöpft in Krakau ankommen ließ, *fit for fun* sozusagen (als hätte mich einen Nachmittag lang in meinem Auto wirklich das erbaut und gestärkt, was man früher als die »humanistische Bildung« bezeichnet hat).

Pilsen im Westen, Olmütz auf der Rückfahrtstrecke sind dagegen auf meinen hundert Reisen über die mittelalterliche Fernstraße eher letzte Kaffeestopps vor dem Endspurt nach München oder Krakau gewesen, sozusagen zweitrangige oder abgeleitete Orte, in denen nichts Dramatischeres passierte als eben eine Pause. Was natürlich ein vollkommen subjektiver Gesichtspunkt ist und diesen kunsthistorisch und geschichtlich hochbedeutenden Städten keine Gerechtigkeit widerfahren lässt. Und tatsächlich wollte es mir auf dem Marktplatz von Pilsen, umgeben von den provinziellen Gesichtern und gefälschten Schweizer Uhren des frühkapitalistischen Basars, der da irgendwie in Permanenz stattzufinden scheint, einige wieder bedeutend-subjektive Momente lang scheinen, als hätten sich um die spätgotische Hallenkirche, die da inkommensurabel und wie vergessen mitten auf dem noch heute riesigen und im Mittelalter vermutlich geradezu surrealistisch großzügigen Areal herumsteht, gespensterhaft deutliche Erinnerungen an jene Hussitenheere erhalten, die die Stadt am Ausgang des Mittelalters mehr als einmal besetzt und die ganze Gegend in eine fiebrig frühmoderne Aufregung, Kreativität und Grausamkeitskonvulsion versetzt haben. So viele Anstöße und Verrücktheiten, mit denen wir intellektuell heute noch nicht fertig werden könnten, wenn wir sie nicht längst vergessen hätten, dachte ich über meinem Kaffee am Rand des dann plötzlich sumpfartig-prädiluvialen Platzes. Bevor ich aufbrach zu einem kleinen Spaziergang auf der josephinischen Prachtpromenade, die auf die unbegreiflich große und prächtige, liebevoll restaurierte und völlig verlassene Synagoge im maurischen Stil zuführt.

Oder jener tief winterliche Spaziergang in Olmütz, als dort alles neblig, nachmittäglich dunkel, von einer milchglasharten, nach Kohlenrauch riechenden Kälte war. Ich aber stand in dem golden erleuchteten Innenraum einer barocken Kirche und meinte auf der Stelle zu verstehen, welche Geborgenheit, welche tröstliche, anspornende, unverlierbare Zivilisation und welche Rettung vor der Banalität des Lebens diese Schatz- und Schutzhöhlen im winterlich schmutzigen und unheimlichen Stadtraum einmal bedeutet haben müssen, seit der Gegenreformation, die dunklen Jahre der sowjetischen Unterdrückung hindurch und eben bis heute. Oder, schon im folgenden Jahr an einem Tag im Sommer, als ich wieder in Olmütz Pause machte, ein Schweinebraten mit Knödeln, serviert von einem würdigen alten Oberkellner. Ich betrachtete sehnsüchtig und neidisch das gute, mir als Autofahrer verwehrte mährische Bier, das die Sonntagsbürger am Nebentisch unangefochten und reichlich tranken. Draußen regten sich Kastanienzweige vor den abblätternden, sonnenbeschienenen barocken Fassaden so junihaft, wie sie es sonst nur vielleicht irgendwo in Bayern manchmal noch tun.

Das Kind aber, dem ich all die Jahre in Sorge und Sehnsucht und in einer zum Schluss fast verzweifelten Erschöpfung hinterhergereist bin, ist heute ein selbstbewusster, freundlicher, mit seinen eigenen schulischen und sportlichen Angelegenheiten beschäftigter Vierzehnjähriger, um den sich weder seine Mutter noch ich, wie es scheint, ernsthafte Sorgen machen müssen. Er kommt jetzt schon selber mit der Bahn zu mir, in vier Bahnstunden von München nach Wien, wo er besonders die *skateboard locations* um das neue Museumsviertel schätzt. Freitags hole ich ihn am Westbahnhof ab, und wir sehen uns im Kino den neuen Woody-Allen-Film an oder verdrücken eins der berühmten Schnitzel im »Gasthof Ubl«. Dann die gute halbe Stunde Fahrt auf der Autobahn über die Grenze nach Bratislava hinüber (unglaublich). Langsam verblasst die Erinnerung an die hundert Reisen zu meinem Sohn. Dass mich eine dämonische Macht von dem abzog, was mir das Selbstverständliche schien und das Liebste war, dass mich ein Schlag des Schicksals ereilt habe, wie es mir über Jahre schien – so kommt es mir nicht mehr vor. Es war einfach nur eine Verknüpfung von Pech, mangelnder Entschlusskraft und Ungeschick, das Gewurstel des Lebens halt, was mich in den letzten Jahren auf der berühmten mittelalterlichen

Karawanenstraße so oft hin- und hergeführt hat, wie unsere Vorfahren diese Strecke niemals überlebt hätten. Und gelernt habe ich unterwegs nichts Schlimmeres, als was einem das Leben immer und überall beibringt, indem es uns schon durch das Vergehen der Zeit von uns selber abzieht.

Der Schläfer (Traum vom Balaton)

Es ist erstaunlich und unheimlich, dass ein Reisender des 21. Jahrhunderts die hundert Jahre Türkenherrschaft im 16. und 17. Jahrhundert der ungarischen Landschaft bis heute unmittelbar ansehen zu können glaubt. Beispielsweise ist die vielzitierte und von jedermann für eine besonders urtümliche Landschaftsform gehaltene Puszta in der Karolingerzeit ein lichter Wald gewesen, in dem sich die Inseln der Dreifelderwirtschaft das ganze Mittelalter hindurch ausgebreitet haben. Zur Zeit Luthers geriet das gewaltige Stromland südlich der Donau wieder ins Visier des Osmanischen Reiches. Die Türken suchten hier vielleicht (wie die Römer vor ihnen) eine natürliche Grenze – und ein Aufmarschgebiet für den geplanten und die Jahrhunderte hindurch mehrmals versuchten Dschihad gegen Westeuropa, dessen östlicher Vorposten, Wien, in strategischer Rufweite liegt.

Mit der moslemischen Eroberung im 16. Jahrhundert begann die Entvölkerung und Versteppung Mittelungarns. Der besiegte ungarische Königshof floh in die spätere Slowakei, die damals einfach das bergige, noch nicht besetzte Ungarn nördlich der Donau gewesen ist. Pozsony/Pressburg wurde die neue Krönungsstadt. Die fruchtbare Ebene im Süden verfiel und versandete. Aus Ackerland wurde Trockensteppe, fast so etwas wie Wüste. Die Unternehmenden, Jungen, Mutigen gingen fort oder wurden totgeschlagen. Wer blieb, wurde, was die Religionsausübung betraf, zwar in Ruhe gelassen (übrigens waren die unter der Türkenherrschaft verbliebenen Christen vor allem calvinistisch). Aber die Unterworfenen mussten ruinöse Tribute zahlen. Sie waren rechtlos, ohne kulturelle Chance und verpflichtet (ein besonders unheimliches und schauriges Detail), ihre Söhne mit Beginn der Pubertät herzugeben, damit diese als islamisierte Kampfsklaven, Janitscharen genannt, die Knochenbrecherelite der osmanischen Truppen bilden konnten. In den wenigen Städten, die übrig geblieben waren, herrschte die Scharia.

Überall, wo wir im Sommer 2006 auf dem Weg nach Pécs für eine Mahlzeit, einen Kaffee oder einfach nur zum Pinkeln ausgestiegen sind, auf Schritt und Tritt, bin ich auf Erinnerungen an das osmanische Jahrhundert Ungarns gestoßen. Nicht überall ist die Türkenzeit nur als eine Zeit der äußeren Verwüstung und mentalen Verstörung in den Inschriften, Ortsnamen, Architekturen und Landschaftsformen gegenwärtig. Ein dünner und überraschend hoher Turm mit einem Rundbalkon erwies sich in dem Städtchen Veszprém nördlich des Plattensees auf den zweiten Blick als ein stehen gebliebenes Minarett. Aber schon in der Beschreibung einer gotischen Kapelle unweit des barockisierten Gebetsturms (eine offensichtlich erfundene Tradition wahrscheinlich des 19. Jahrhunderts bringt sie gegen alle architekturhistorische Evidenz mit der mythisch-staatsgründenden Königin Gisela in Verbindung) fehlt nicht der Hinweis, dieses nationale Heiligtum sei in der Türkenzeit als Weinkeller missbraucht worden.

Die deutschsprachigen Wegweiser zum »Heimatmuseum« waren schon ein paar Kilometer vor dem Ortschild eines Dorfs in Südungarn zahlreich gewesen. An einer steilen Aufwärtsbiegung am Ortsausgang (die deutsche Version des Namens auf dem Schild nicht viel kleiner unter der ungarischen) stand eine Kapelle inmitten eines weiten Felds voller deutscher Grabsteine. Direkt hinter der geschlossenen, bullig zusammengenommenen, vermutlich auch als Festung gedachten Siedlerkirche waren bauernbarock gebauchte Sandsteinkreuze aus dem frühen 18. Jahrhundert. Jene Deutschen waren, verarmt, abenteuerlustig, daheim ohne Zukunft, nach den Siegen Prinz Eugens gegen den Sultan ins islamisch verwüstete Ungarn gekommen, um unter Calvinisten, zurückgebliebenen Türken, malerischen Hirtennomaden den Wald zu roden, Häuser zu bauen, Felder zu bestellen. Beschützt wurden sie durch Gesetze des ungarischen Königs. Von Nationen mit völkischer Homogenität, Sprachreinheit und dergleichen wusste man damals nichts (und hatte für die nächsten hundert bis zweihundert Jahre andere Sorgen).

Vesperpause neben einem anderen Dorffriedhof, schon zwischen dem Pécser Hügelland und dem Plattensee. Ein kurzer Gang um die Barockkirche, die zu groß scheint für die paar Häuser, die den Ort bilden. Und eine Grabkapelle, 1763 vom örtlichen Adligen und Grundherrn gestiftet zum Dank und Andenken an die Wiederauferstehung des ungarischen Landes: »memoriae Hungariae pagis resurrectionis.« Auf gewundenen kleinen Straßen geht es nach Pécs (das schon fast in Kroatien liegt), über Hügel. Wacholderbäume bilden seltsam menschenlebenhaft (wie von einem Schicksal über diese Abhänge verstreut) Familien, Clans oder kleine Städte. Robinien regen sich zwischen roh behauenen Straßenbegrenzungssteinen im Wind. Die romanische Basilika von Pécs steht über einem abschüssigen Areal, das man im philanthropischen 19. Jahrhundert mit Denkmälern, Büsten und Bänken zu einem Volkspark ausgestaltet hat. Das Gotteshaus war lange eine Moschee. Die ungarische Nationalbewegung hat es zu einem schreiend geschmacklosen neoromanischen Monument umgebaut und ausgemalt. Aber im 18. Jahrhundert schon begann man bei Bauarbeiten, die ausgedehnte christliche Nekropole des 3. und 4. Jahrhunderts (den Friedhof des römischen Sopianae) zu entdecken, und seither hat man mit dem Sichern, Rekonstruieren, Zugänglichmachen und Erforschen der frühchristlichen Gräber nicht aufgehört. Sogar mein Sohn ließ es ein paar Minuten staunend sein, sich über die Kulturambitionen seines uncoolen Vaters zu beklagen, das UNESCO-Weltkulturerbe zu verfluchen oder gleich den örtlichen Skateboardladen anzusteuern (»Warum stellen sie eigentlich so was nicht mal unter Kulturschutz? Was? Papa? Ha!«). Wir standen, fünf Meter unter dem Niveau des heutigen Erdbodens, in dem abstellkammergroßen Tonnengewölbe des so genannten Peter-und-Pauls-Grabes. Es ist nach zwei horrorfilmschwarzen, auf ein Christusmonogramm hinweisenden Figuren an der Stirnseite benannt. Naiv farbige Medaillons und Bildfelder zeigen neben einer fast verwischten Madonna merkwürdigerweise nur alttestamentarische Bilder und Szenen.

Noah sendet da beispielsweise eine Taube aus. Seine Arche ist am Ende der Flut an einem Berg gestrandet, so wie dieses unterirdische Totenschiff hier am Ende des Zeitmeers irgendwo stranden wird. Der Friedensvogel wird einen Ölzweig aus dem verwüsteten, aber schon wieder sichtbaren Land zurückbringen. Gott ist uns nicht mehr böse. Die Hoffnung ist unendlich, jetzt auch für uns. Daniel bleibt unverletzt und schaut fröhlich, fast ein bisschen frech, aus dem Zwinger der Löwen. Nicht weit von hier haben noch ein paar Jahre vor dem Bau dieses Grabes wilde Tiere Christen durch die Arena gejagt. Aber wie Daniel brauchen auch wir vor dem Entsetzlichen keine Angst mehr zu haben. Adam und Eva reichen sich unter dem Sündenbaum die Hand und den Apfel (aber das macht jetzt nichts mehr). Und der Wal speit Jonas an Land.

In den historistischen Straßen des Zentrums fanden wir dann schließlich den örtlichen Skateboardladen, kauften meinem Sohn ein Paar Schuhe, schrieben Karten nach München, nach Amerika, nach Berlin. Ich warf noch einen Blick (»Das ist jetzt wirklich das Letzte, ich schwöre es!«) ins Innere des kristallen scharfkantigen und fugenlosen Steinblocks einer Moschee. Sie steht immer noch auf dem Hauptplatz zwischen statuenüberladenen Jugendstilhotels und Barocksäulenkomplexen, in konzeptkunsthafter Geschlossenheit, Einfachheit, Bildlosigkeit und Souveränität, mitten in der gottlosen Fremde. Fast genau hundert Jahre lang gab es im 17. Jahrhundert in Pécs keine Kirchen mehr. Der Markt war ein überdachter Basar. Die Grundmauern von türkischen Bädern und osmanischen Palästen stehen geheimnisvoll abseits, unter dem Niveau des Bürgersteigs. Der Kies knirscht unter den Sohlen, wenn man in ihnen herumgeht und die Bauten sich vorzustellen versucht. Draußen, heute ein paar Autobahnstunden weiter nördlich, tobten damals die Kriege zwischen Protestanten und Katholiken, wurden Nationalstaaten gegründet, entstanden die Wissenschaften, Künste, die Philosophie und die Freiheitsinstitutionen, in denen wir leben und die seit 1989 auch in Pécs wieder in Kraft sind. Aber in den osmanischen Mauern, im Frieden des Sultans und seines Satrapen, galten Pracht und Machtdämonie des Kalifats; die abgehackten Diebeshände, die gesteinigten Ehebrecherinnen.

»An jenem Novembertag traf am linken Ufer des Flusses ein langer Zug beladener Pferde ein und machte halt, um dort zu übernachten.« Das ist aus dem Roman »Die Brücke über die Drina« von Ivo Andrić. »Der Janitscharen-Aga mit seiner bewaffneten Begleitung kehrte nach Konstantinopel zurück, nachdem er in den Dörfern Ostbosniens die festgesetzte Zahl christlicher Kinder für den Blutzoll, den Adschami-Oglan, eingesammelt hatte. Es war schon das sechste Jahr seit der Einziehung dieser Blutabgabe verflossen, daher war diesmal die Aus-

wahl leicht und reich gewesen. Ohne Mühe hatte man
die notwendige Anzahl gesunder, frischer und stattlicher
männlicher Kinder im Alter zwischen dem zehnten und
fünfzehnten Lebensjahr gefunden, wenn auch viele Eltern die Kinder im Wald verbargen, sie lehrten, sich als
geistesschwach oder hinkend zu verstellen oder sie in
Lumpen kleideten und im Schmutz verkommen ließen,
nur um der Wahl des Aga zu entgehen. Einige hatten sogar dem eigenen Kind einen Finger abgeschnitten und es
so verstümmelt.

Die ausgewählten Jungen wurden auf kleinen bosni-
schen Pferden in langem Zuge weitergeschafft. Am Pferd
hingen zwei geflochtene Körbe, wie für Obst, auf jeder
Seite einer, und in jeden Korb wurde ein Junge gesetzt
und mit ihm sein kleines Bündel und ein Fleischkuchen,
das letzte, was er aus dem Vaterhause mitnahm. Aus diesen Körben, die gleichmäßig schwankten und knarrten,
schauten die frischen und verschüchterten Gesichter der
entführten Jungen heraus. Einige schauten ruhig über
den Rücken des Pferdes solange wie möglich nach dem
Heimatort aus, einige weinten und aßen zu gleicher Zeit,
und einige schliefen, den Kopf an den Packsattel ge-
lehnt.

In einigem Abstand von den letzten Pferden gingen in
dieser ungewöhnlichen Karawane, zerstreut und atemlos
keuchend, viele Eltern und Anverwandte dieser Jungen,
die man für immer fortführte, damit sie in einer fremden Welt beschnitten, zu Türken gemacht würden und,
nachdem sie ihren Glauben und ihre Herkunft vergessen, ihr Leben in den Janitscharenabteilungen oder in
irgendeinem anderen hohen Dienst im Türkischen Reich

verbringen. Es waren größtenteils Frauen, meist Mütter, Großmütter und Schwestern der geraubten Jungen. Wenn sie sich zu sehr näherten, wurden sie von den Reitern des Aga, die ihre Pferde unter lautem Fluchen auf sie zutrieben, mit Peitschenhieben auseinandergejagt. Dann zerstreuten sie sich und versteckten sich im Walde am Wegrand, aber kurz danach sammelten sie sich doch wieder hinter dem Zuge und mühten sich, mit tränenerfüllten Augen über dem Korbrand den Kopf des Kindes zu erspähen, das man ihnen entführte. Besonders hartnäckig und nicht aufzuhalten waren die Mütter. Sie hasteten, ohne darauf zu achten, wohin sie traten oder wo sie standen, mit entblößten Brüsten, zerzaust, alles um sich herum vergessend, und weinten und klagten wie um einen Toten, andere schrien und jammerten, als zerschnitten Geburtswehen ihren Schoß, und, blind vor Tränen, liefen sie geradewegs in die Peitschen der Reiter hinein und antworteten auf jeden Peitschenhieb mit der sinnlosen Frage: ›Wohin führt ihr ihn? Wohin entführt ihr ihn mir?‹ Einige versuchten, ihr Kind selbst anzurufen, um ihm noch etwas von sich mitzugeben, einen letzten Rat oder eine letzte Ermahnung für den Weg – soviel zwei Worte zu sagen vermögen.«[3]

An diese Passage dachte ich, als wir im örtlichen »Tesco« uns mit Wurst, Käse, Brot, Cola und alkoholfreiem Bier versorgt hatten und über das von einer tiefstehenden Sonne beleuchtete Hügelland schon auf den Plattensee

3 Ivo Andrić: Die Brücke über die Drina. Frankfurt a. M.: Suhrkamp, [3]2003

zufuhren. Und zugleich tauchte ein tieftrauriger Winter-
abend im letzten Jahr aus meiner Erinnerung auf, als mir
diese Abschnitte aus Andrić Buch fast den Rest gegeben
hätten. Ich war allein spazieren gewesen und hatte den
Roman dabei gehabt. In einem dunklen Ausflugslokal
auf den Höhen über Bratislava hatte ich vor einem flam-
menden und knackenden Kamin, der einzigen Heizmög-
lichkeit des kahlen Raumes, darin gelesen. An jenem ungarischen Sommerabend aber war mir dann überhaupt
nicht mehr nach Autofahren. Ich wäre lieber in eins der
vernachlässigten Hotels am Straßenrand gegangen, um
mich zu duschen, über einem Bier meinen Gedanken
über die Melancholie der Puszta nachzuhängen und bald
ins Bett zu gehen. Aber mein Sohn, dessen noch unge-
lenke vierzehnjährige Männlichkeit ich unterm Bann
meiner Erinnerung an den Andrić-Roman mit einer be-
sonderen Fürsorglichkeit aus dem Augenwinkel betrachtete, war so begeistert von der Aussicht, heute in einem
Hotel am See zu schlafen, dass ich mich zum Weiterfahren überreden ließ.

Und so saß ich an diesem Abend tatsächlich über der
weiten Fläche des fast schon sibirisch fremden Balaton-
sees auf dem Balkon eines heruntergekommenen sozialistischen Funktionärshotels. Es war heute eine Urlaubs-
gelegenheit für deutsche Mittelschichtfamilien, die sich
Italien nicht mehr leisten konnten. Regenwolken und Ne-
belschwaden zogen in Richtung auf die Berge im Süden.
Sturmwarnungslichter blinkten. Auf den Hügeln des gegenüberliegenden Ufers gingen die Lichter der unzähligen Ferienhäuser an. Mein Reisegefährte machte auf der

nahe gelegenen Mole den unverwechselbaren Lärm der Skateboardfahrer (das Rollen, das Krachen und das halblaute Fluchen, wenn eine der offenbar unmöglich schwierigen, gefährlichen und völlig sinnlosen Voltigierfiguren wieder nicht geklappt hatte). Die Geborgenheit war wie das Bad in einer zähen, müde machenden Flüssigkeit. In der Nacht träumte ich von den Gräbern in Pécs. Ein junger Mann in einem Turban und mit einem langen Bart war neben einer Kalaschnikow im Peter-und-Pauls-Grab aufgebahrt. Nur an dieser Waffe konnte man erkennen (sagte ich mir beim Aufschreiben am Frühstückstisch), dass der Mann nicht aus dem 16. Jahrhundert stammte. Ein fast nicht zu ertragendes Gefühl der Beklemmung und der Klaustrophobie ging aus von der Aufbahrung, über der ein flackerndes und fahles Neonlicht lag (ein Tagesrest aus dem abendlichen Speisesaal des Hotels). Eine Traumstimme sagte von irgendwoher: »Das ist der Schläfer«, und tatsächlich sah ich, dass der Mann nicht tot war, sondern dass seine Brust sich regelmäßig senkte und hob.

Weltenpläne

Geplante Städte entstehen am Rand der Welt. Dort ist noch nichts. Nur viel Platz. Und dann eine Idee, eine Chance, ein Zufall. Manchmal Geld und Macht. Manhattan ist so entstanden, Philadelphia, Canberra. Auch New Delhi oder Brasilia sind geplante Städte. Und die sechs kleinen, unbekannten (noch kaum aus der sie umgebenden Landschaft herausgearbeiteten) Städte, von denen hier jetzt erzählt werden soll, sind nicht anders entstanden.

Zamość, Kalwaria Zebrzydowska, Lednice/Valtice, Zlín, Dunaújváros und Petržalka – diese Städte, Stadtteile und Parklandschaften liegen (anders als Manhattan) heute immer noch am Rand der Welt. Aber zur Zeit ihrer Gründung waren sie von den klugen oder reichen oder mächtigen Männern, die sie sich ausgedacht hatten, allen Ernstes als ihr zukünftiger Mittelpunkt vorgesehen. Von hier aus sollte sich die Welt neu ordnen und zugänglich werden nach Maßgabe einer Idee, die sich in jenen Straßen und Plätzen verkörperte. Die Welt hat sich dann aber anders entschieden und entwickelt. Das tut sie ja immer. Komplexe Dinge und Verhältnisse planen zu wollen (eine Stadt zum Beispiel; oder die Welt) ist ein paradoxes Vorhaben. Sie mögen funktionieren, aber nie so, wie sie geplant waren. Paradoxie ist der Begriff für etwas, das da ist und gilt, während es zugleich auch überhaupt nicht da ist und gilt. Paradoxie ist ein Denkmal dafür, dass man sich damit abfinden muss, auf dem Grund aller Aussagen, Handlungen, Systeme, Stadtideen, Gemeinwesen, Volkswirtschaften, Ehen und Seelen der modernen Welt Verzweiflungen zu finden, die ihr Modell in Groucho Marx' berühmtem Bonmot haben: »Ich würde nie in einen Klub eintreten, der Leute wie mich als Mitglieder aufnimmt.«

Ins ostpolnische Zamość bin ich an einem kalten und düsteren Frühlingstag gekommen, von Westen her durch eine Gegend voller Fischteiche, Fichtenwälder, historischer Massaker. Verlassene, von sich selber schon vergessene Städtchen lagen am Straßenrand. Einmal stand ein bleiches neugotisches Schloss am Ufer eines dreckfarbenen Sees. Unter seiner ganz glatten Fläche schien ich im Vorbeifahren einen Moment lang vergangene und künftige Unglücke spüren zu können. Zamość, durch dessen Festungstore ich am späteren Nachmittag dann in kahle, von niedrigen, oft zerfallenen Häusern gesäumte Straßen einfuhr und mein Auto schließlich in einer Seitengasse parkte, hat selber viel Unglück erfahren. Die Stadt und ihre Umgebung war 1942 von der SS in ein Laboratorium dafür verwandelt worden, was als »Generalplan Ost«, verteilt über einen Zeitraum von zwanzig Jahren, dem ganzen »Generalgouvernement« zugedacht war.

Bis 1962 sollten dann alle Polen und Juden aus dem Land zwischen Weichsel und Bug verschwunden sein (ermordet oder »umgesiedelt«, was bei den Nazis bekanntlich meist auf dasselbe herauskam) und ersetzt durch deutsche Wehrbauern, Funktionäre, Soldaten, Kühe und Gebärmaschinen (gut, dass auch böse Pläne paradox sind und nie funktionieren, wie genau ihre Urheber sie sich auch ausgedacht haben mögen).

Als die großen Reiche, die in Europas *terrain vague* aneinanderstießen, in der Frühen Neuzeit sich langsam formiert hatten, erlaubten die Zentralgewalten in ihren mitteleuropäischen Grenzprovinzen das Entstehen so ausgedehnter, durchstrukturierter und mächtiger Grundherrschaften wie nirgends sonst in Europa. Gerade in den Jahrhunderten, als in Westeuropa die großen Signorien und Apanagen dem Königshaus unterstellt und dem zukünftigen Nationalstaat einverleibt wurden, bildeten in Mähren, in Polen, in Niederösterreich und Ungarn die Liechtenstein, die Pálffy, die Potocki, die Czartoryski, die Zamoyski Grundherrschaften aus, die souveränen Staaten zu gleichen begannen. Im damaligen Zentralpolen, in Wolhynien (einer Gegend, die inzwischen zu ihrem größten Teil zur Ukraine gehört; nur noch ein Zipfel ragt heute auf polnisches Staatsgebiet), lag das sich im 16. Jahrhundert ständig vergrößernde Majorat des polnischen Kronkanzlers, Feldherrn und *uomo universale* Jan Zamoyski (das bei seinem Tod ein Gebiet von 17 000 Quadratkilometern umfasste), dessen Nachkommen heute noch eine Rolle im politischen und kulturellen Leben unseres Nachbarlandes spielen. Zamoyski hatte in Italien studiert, war in Padua Rektor der Universität gewesen, gehörte zu den engsten Beratern mehrerer polnischer Könige. Er war der bedeutendste Mehrheitsbeschaffer, Fraktionschef und *opinion leader* der Monarchie im Sejm, der schon im 16. Jahrhundert protoparlamentarisch funktionierenden Ständeversammlung der polnischen Adelsrepublik. Zamoyski war der Mann, der dort mit Charme, Bestechung, Erpressung (durch Politik) die satzungsgemäß irrsinnigerweise geforderte Einstimmigkeit herstellen musste, die für jede Art von polnischer Königspolitik nötig war. 1580 entschloss er sich, sein sich ständig erweiterndes wolhynisches Territorium durch eine Hauptstadt zu zentralisieren.

Die Reiseführer schreiben voneinander ab, Zamość sei nach dem Vorbild Paduas projektiert worden. Wer die Karten der beiden Städte betrachtet, kann jedoch keine Ähnlichkeit zwischen ihren Grundrissen entdecken. Allerdings machte Zamoyski tatsächlich einen Architekten und Stadtplaner aus Padua, Bernardo Morando, zum Baumeister seiner Stadt. An jenem Märztag des Jahres 2001 ging ich von der ehemaligen Ritterakademie, wo mein Auto parkte, um ein paar Straßenecken und stand auf dem quadratischen Platz mit dem fünfzig Meter hohen Rathausturm hinter einer flügelartig sich öffnenden Freitreppe. In jede Richtung war ich eingeschlossen, geborgen, angeregt und beschützt von einer lückenlosen Phalanx restaurierter Renaissancehäuser. Die geschwungenen Giebel, der surreal ungebremste Figurenschmuck, die cremefarbenen Stuckverzierungen auf exquisit zusammengestellten, in der Vorfrühlingsdämmerung seltsam sich intensivierenden und geradezu aufstrahlenden Farbfeldern hatten etwas Morgenländisches an sich. In Venedig, auf einer Fahrt mit dem Vaporetto vom Bahnhof durch den Canale Grande zum Markusplatz, war mir vor kurzem schockartig zu Bewusstsein gekommen, dass Gotik sich in dieser Stadt mit der arabischen Architektur verwoben hat. In Zamość dagegen werden die Formen der Renaissance berührt von etwas Innerasiatischem, fast schon Indischem. Und tatsächlich bildet die Zeile mit dem wildesten, dem fast schon delirierend aufwendigen Fassadenschmuck das armenische Viertel der damals nur tausend Einwohner beherbergenden Stadt, in der neben Polen, Ruthenen, Juden, Deutschen und eben Armeniern auch Italiener, Griechen, Ungarn und Schotten gelebt, Geld gemacht und Steuern gezahlt haben.

Bernardo Morandos Hauptwerk wirkte dann im sich schnell über der Stadt versammelnden Dämmer, als hätte ein Kind sich diesen Platz mit dem Zentralbau des Rathauses und dem gigantischen Flügelpaar der Freitreppe ausgedacht. Die hier herrschende Ordnung und Harmonie schien etwas Naives zu verkörpern angesichts der kalten, winddurchtobten, gefährlichen, stürmebringenden, schließlich arktischen Landmasse, die ich mir in den sinkenden Abend hinein als hinter der Stadt und sich bis zur *ultima Thule* erstreckend zusammenphantasierte. Der aufragende Renaissanceturm hatte jetzt etwas Fiktionales. Er war ein sturer, tapferer, ritterlicher Fremdkörper in diesem kalten, nebligen Land, und ich erkannte darin plötzlich etwas von deinen anachronistischen, unnachgiebigen, ein bisschen verrückten Forderungen und Vorstellungen darüber, wie eine Frau sein und von ihrem Mann behandelt werden sollte. Wie diese anstrengenden und charmanten erotischen Kulturmaßstäbe aus dem 19. Jahrhundert in unser gemeinsames Leben ragen: störend, belebend, fragil und unwiderstehlich, so richtete sich hier das mittelmeerische Europa noch einmal auf, bevor die Steppe begann. Hier stellte unsere Welt noch einmal ihre Ordnungen hin, ihr klares Design, ihren Bildungsanspruch, ihren bürgergesellschaftlichen Zivilstolz (denn in Zamość hat eben nicht das Schloss der Zamoyski jenen beherrschenden Turm, jene Treppe und die Zentralstellung, und auch die Kirche nicht – sondern das Rathaus).

Nach Kalwaria Zebrzydowska fährt man von Krakau aus nach Südwesten. Meist habe ich mein Auto auf dem abschüssigen Marktplatz der malerischen kleinen Berggemeinde Lanckorona geparkt, einer traditionellen Sommerfrische der Krakauer Bürger und Künstler seit dem 19. Jahrhundert. Auf einem vulkanischen Kegel unterhalb der Burgruine und einer neugotischen Kirche sieht der winzige Ort – tatsächlich wie eine Landeskrone der galizischen Hügel – aus seinen Fenstern in jede Richtung bis an den Horizont. Von hier aus nimmt man den Weg bergab, an phantasmagorisch überinstrumentierten Villen vorbei, an überwachsenen Grundstücken am Steilhang, bescheidenen Datschen aus der sozialistischen Zeit. Man biegt um eine entscheidende Wegkrümmung. Von einer barocken Rundkapelle aus entfalten sich Hügelpanoramen bis in unbestimmteste Ferne. Im Mittelgrund ragt eine zweitürmige Klosterkirche auf, mit breitem Giebel und den bauchigen Dächern sie umgebender Nebenkapellen, eine kleine fromme Stadt in der herbstlichen Wildnis (Schlehen und Hagebutten leuchten am Wegrand).

In diesen Hügeln erkannte Mikołaj Zebrzydowski, der örtliche Grundherr, bestärkt und fromm beraten von seinen jesuitischen Beichtvätern und Seelendirektoren, um das Jahr 1600 herum (auf dem Höhepunkt der gegenreformatorischen Reconquista des lange Zeit fast vollständig zum Calvinismus abgefallenen Landstrichs) visionsartig und dann mit immer größerer Deutlichkeit die Topographie von Jerusalem wieder. Maßstäblich gedehnt durch ein wenig größere Entfernungen, war der Żarek-Hügel, die höchste Erhebung der Gegend, proportional genau dort, wo in Jerusalem Golgatha aufragt. Die Entsprechung des Ölbergs befand sich gegenüber, jenseits des Tals, als ein Vorberg des Kegels von Lanckorona; das Gegenstück zum Berg Zion war ein wenig flussaufwärts. Auch der Berg Moriah befand sich in seiner südpolnischen Version an der zu erwartenden Stelle, und der bergbachartig wilde und ungeregelte Fluss rauschte, wo in Jerusalem der Kidron verläuft.

Die theologische Denkform der Typologie bestimmt für neutestamentarische Ereignisse Vorläufer im Alten Testament. Die Opferung Isaaks durch Abraham verweist auf den Tod des Erlösers, Adam ist der Vorläufer Christi und so bis in das scheinbar nebensächlichste und abwegigste Detail hinein weiter. Das Landschaftswunder von Kalwaria Zebrzydowska besteht in einer Typologie der Erdformen. Jerusalem ist Vorbild und Vorläufer für

die Hügel und Hänge der einsamen polnischen Waldge-
gend – die in der Zukunft die neue Stadt des Heils werden sollten. Und hinter der auf diese Weise nach Polen
versetzten Ur-Stadt (sie entspricht Christus in der tri-
nitarischen Denkform) sind schon die Lichtgebäude des
Himmlischen Jerusalem zu ahnen, der dritten, unterm
Zeichen des Geistes stehenden Heiligen Stadt, die sich
heute schon in den Herzen der Gläubigen aufbaut und in
die wir erst nach unserem Tod kommen.

So oder so ähnlich werden sich Mikołaj Zebrzydowski und
seine Berater ihr weit in die Zukunft vorgreifendes Vorhaben, in den galizischen Hügeln ein maßstabsgetreues
Jerusalem entstehen zu lassen, vorgestellt und theologisch
zurechtgelegt haben. »Heute kommen wir als die ersten
zum Gebet hierher«, sagte der Jesuit Kasper Sawicki in
seiner Predigt zur Einweihung der Grablegungskapelle
unterhalb des Golgathaberges, im Jahr des Herrn 1600.
»Aber wer weiß, ob diese Wohnstätte wilder Tiere einst
nicht die Gebetsstätte vieler Menschen sein wird, die aus
fernen Ländern hierher kommen werden? Wer weiß?
Wird nicht vielleicht der Wald seinen Schoß dem Licht
öffnen? Werden nicht vielleicht die frommen Gesänge
vieler Gläubiger hier widerhallen statt des Heulens der
Wölfe, dessen Echo hier heute umgeht?«

In Sawickis Predigt spricht sich der messianische An-
spruch aller geplanten Städte mit der Schamlosigkeit aus,
die das Vorrecht der Theologen ist (die Gotteswissen-
schaftler bringen die geheimsten, ungeordnetsten und
irrationalsten Regungen der Menschen in ein System).

Und für eine Weile muss es im 17. Jahrhundert tatsächlich so ausgesehen haben, als würde auf den Hügeln von Kalwaria Zebrzydowska, wie in Zamość, eine wirkliche Stadt entstehen. Die frühbarocke Version des Pilatuspalasts (auf dem Giebel steht der römische Statthalter als lebensgroße Figur neben dem gegeißelten Christus; im Innern abblätternde, von Regen und Wind ausgebleichte manieristische Fresken, die von Jörg Ratgeb stammen könnten: nächtlich von Fackeln erleuchtete Palastarchitekturen). Das Grab Mariens (kostbares Beispiel eines nur ganz ansatzweise nobilitierten Bauernbarocks), das Haus des Kaiphas und eigentlich alle heilsgeschichtlich wichtigen Gebäude, Brücken, Passionsstationen, die in der elaboriertesten Erzählung der Tage vor Jesu Kreuzigung und Auferstehung irgendwie vorkommen könnten, stehen an ihrem proportional richtigen Ort.

Aber die Stadt, die dazugehören würde, hat es nie geschafft bis in die Wirklichkeit. Auf dem Grasabhang eines kleinen Höhenkamms steht ein Bahnwärterhäuschen. Die einspurige Bahn, die Pilger von Krakau hierherbringt, ist immer noch in Betrieb und fährt mehrmals am Tag klingelnd und schnaufend durch das Heilsareal. Ein paar Schrebergartenanwesen verbergen sich hinter Hecken. Und ein einsamer Kleinbauernhof, noch aus dem 19. Jahrhundert, ist in der inzwischen hoch denkmalgeschützten Landschaft übrig geblieben. Sonst sind es nur abschüssige Alleen, seltsam unmotivierte Brücken samt den dazugehörigen barocken Heiligen, ungeteerte Wege über die Felder und durch das unbebaute Land. Sonntags ziehen singende und betende Andachtsgruppen, Kreuze und fromme Transparente tragend, die Straßen des virtuellen Jerusalem entlang. Ihre Autos parken an der Klosterkirche am Hang. Der Krakauer Kardinal Woityła hatte seine gesamte Amtszeit über dort eine Zelle, in die er sich zurückzog, wann immer er konnte. Nach verrichtetem Pilgergang kehren die Frommen in einer der einfachen, fast ärmlichen Garküchen auf dem Kirchenvorplatz ein. Hinter zugigen, verandenartigen Fensterfronten kann man an wackeligen Tischen köstliche Piroggen essen und Klosterbier trinken.

Im August 2002 sah ich dann im Fernsehen den weißen Mercedes des polnischen Papstes mit dem vitrinenartigen Aufbau aus schussfestem Glas im Schritttempo durch die Alleen von Kalwaria Zebrzydowska fahren. Die Blätter färben sich früh auf den südpolnischen Hügeln, bei noch spätsommerlichen Temperaturen, viele lagen schon auf dem Asphalt. Die Menschen jubelten, sangen, beteten und winkten mit gelbweißen Fähnchen. Ich dachte daran, wie der große Politiker und Gottesmann in den finsteren Zeiten seiner Krakauer Amtszeit am Wochenende hier herausgefahren sein mochte, um, wie er in seiner Ansprache später dann selbst formulierte, der Muttergottes von Kalwaria »die Probleme der Erzdiözese und derjenigen, die Gott meiner pastoralen Sorge überantwortet hatte, anzuvertrauen. Wie oft habe ich erlebt«, sagte der parkinsonkranke Papst mühsam und schwer zu verstehen im Fernsehen, während das frühherbstliche Licht des Augusts 2002 schien (ich bekam gleich Lust, wieder dort hinauszufahren), »dass die Mutter des Gottessohnes ihre barmherzigen Augen auf die Sorgen des betrübten Menschen richtet und ihm die Gnade erwirkt, schwierige Probleme zu lösen, und dass der Mensch in seiner Schwäche von Staunen über die Kraft und die Weisheit der göttlichen Vorsehung erfüllt wird. Haben dies nicht auch ganze Generationen von Pilgern erlebt, die seit vierhundert Jahren hierherkommen? ... Dieser Ort hilft auf wunderbare Weise dem Herzen und dem Verstand, das Geheimnis jenes Bandes zu durchdringen, das den leidenden Erlöser und seine mitleidende Mutter vereinte. Im Mittelpunkt dieses Geheimnisses der Liebe findet derjenige, der hierherkommt, sich selbst, sein Leben, seinen Alltag, seine Schwäche wieder und zugleich die Kraft des Glaubens und der Hoffnung: jene Kraft, die aus der Überzeugung erwächst, dass die Mutter ihr Kind im Leiden nicht im Stich lässt, sondern zu ihrem Sohn führt und es seiner Barmherzigkeit anvertraut.« Und mir war klar, dass die zur Zeit der Gegenreformation messianisch in den Wäldern geplante und angelegte Weltstadt in der Sicht des Papsts seinen Zweck längst erreicht hatte und dass die dort jetzt versammelte Gemeinde in deren innerer Wirklichkeit längst das himmlische Jerusalem war. Sie hatten ihre weltgeschichtlichen Erfahrungen mit dieser Andachtslandschaft gemacht.

Für polnische Gläubige muss jeder Kirchenbesuch eine Erinnerung an ihren größten geschichtlichen Augenblick und ihre bleibende kollektive Leistung sein: Dass sie zusammen mit diesem Papst der Welttyrannei des Kommunismus ihre entscheidende, nicht mehr wieder rückgängig zu machende Niederlage bereitet haben. Ich hatte in meiner geschützten und privilegierten Weltgegend keinen Anteil an diesem Kampf und Sieg. Ich stand damals sogar, dumm wie je ein Achtundzwanzigjähriger, ideologisch auf der Seite der totalitären Tyrannei. Und doch hatte ich im März 2004 (auf einem anderen Spaziergang in Kalwaria Zebrzydowska) einen glücklichen, unheimlichen und unvergesslichen Moment lang, als ich auf jener Allee an einem spätwinterlich düsteren Nachmittag bergab ging, das fast körperlich deutliche Gefühl, meine Mutter, die damals schon dreizehn Jahre tot war, ginge ein Stück weit neben mir; bis dieses Gefühl sich auflöste und seither kein einziges Mal mehr wiedergekehrt ist.

Auch in Lednice/Valtice, an der Grenze des alten Österreich zu Mähren, ist es ein großes Fürstengeschlecht gewesen, das in der beginnenden Neuzeit am Rand der Alten Welt seine Gutsherrschaft zu einem Bild der richtigen Herrschaft und des guten Lebens ausbaute – und zur Hauptstadt eines Zukunftsstaats, aus dem im weiteren Verlauf der Geschichte dann nichts geworden ist. Es war einer jener Vorfrühlingsmorgen, an denen das Leben aus irgendeinem Grund noch einmal ganz neu zu beginnen scheint. Ich war spät in der Nacht mit dem Wagen aus Budapest gekommen, auf der Autobahn, an Bratislava vorbei, ich musste weiter in Richtung Brno und hatte in meiner Müdigkeit beschlossen, hinter der slowakisch-tschechischen Grenze irgendwo zu übernachten. Die Abfahrt von der Autobahn. Die schon gegen neun Uhr abends wie nachtschlafenen tschechischen Dörfer. Dann die lange dunkle Allee, die durch Seen und Wälder von Lednice nach Valtice führt. Valtice ist eine kleine mährische Weinbaugemeinde. Geduckte sahnegelbe Bauernhäuser versammeln sich um die Residenz der Liechtensteiner. Abseits liegt ein zur Landschaft hin dramatisch sich öffnender Schlosspark, und alles wird überragt von einer barocken, von lateinischen Inschriften bedeckten Kathedrale.

Im Hotel Apollo ein Schweinebraten mit Knödeln, zwei Gläser des hiesigen Rotweins, der durch die Jahrzehnte des Sozialismus ruiniert ist und keinen Vergleich mit den hervorragenden österreichischen Kreszenzen von jenseits der nahen Grenze aushält. Am Morgen Geschäftsleute am Nebentisch und nach dem Frühstück ein Gang durch die schon nicht mehr ganz winterliche Märzsonne in den weiten barocken Marktplatz und über die Freitreppe in einen von Gigantenstatuen bewachten Schlosshof. Bestimmt hatte die Dorfluft ihren Anteil daran, dass in dieser mich langsam erwärmenden Sonne plötzlich etwas Ungeahntes (und zugleich schon längst Bekanntes) zu beginnen schien. Die Erinnerung an Krakau, wo ich ein paar Tage zuvor zu dieser Reise aufgebrochen war, spielte mit. Es hätte überhaupt nirgends eine bessere Kulisse und Theaterdekoration für mein Vorfrühlings- und Sonntagsmorgengefühl geben können als das zur Hälfte schon sehr schön renovierte, halb noch in Schlamm und postsozialistischer Ruinentristesse versackte Schloss der Fürsten von Liechtenstein mit dem nahen Park und der Kathedrale. Eine Mischung aus Wirtschaftsbetrieb und Weltbild war überall hier sichtbar, auf Spaziergängen (die ich mir für die Zukunft vornahm) zu erwandern, oder gleich beim Um-die-Ecke-Biegen ins Auge fallend.

»Ein Barbar in einem Garten«, dachte ich mit dem Buch-
titel Zbigniew Herberts vor mich hin. Und ich erinnerte
mich, merkwürdig gerührt, dass ich das grüne Suhrkamp-Bändchen mit den Reisebildern des polnischen
Dichters gerade zu der Zeit in der Bibliothek meines Vaters gesehen hatte, als meine Eltern Mitte Fünfzig waren,
so alt wie ich heute. Wir Kinder kamen damals nur noch
besuchsweise nach Haus, und die beiden noch nicht alten
Leute schienen noch einmal etwas Neues anzufangen:
Mit weiten Reisen, die sie sich plötzlich leisteten, mit
neuer Lektüre, einem neuen Auto, teureren Weinen. Von
einer kleinen Erbschaft kauften sie auf Antiquitätenmes-
sen stückweise Biedermeiermöbel und entwickelten eine
Vorliebe für französische Käsesorten, von denen ich noch
nie etwas gehört hatte. Der Fünfundzwanzigjährige, der
ich damals war, hatte sie ein bisschen beneidet und sich
gleichzeitig gefreut; wenigstens sie mussten nicht in dem
sozialistisch-universitären Heldenroman mitspielen, in
dem ich mich damals gerade abmühte.

Die Allee zwischen Valtice und Lednice ließ dann erst
auf dem Rückweg im Morgenlicht ihre Ausblicke und
Seestücke vollständig sehen. Auf einem kleinen Abste-
cher in den Wald hinein bewunderte ich einen Grazien-
tempel, der einsam und absurd auf einer von großen
Kiefern gesäumten Lichtung steht. Hinter einem Schilf-
gürtel, in den Windstöße fuhren, ganz am Ende der linken Seebucht, war im Vorbeifahren einen Moment lang
ein weißer Säulenportikus sichtbar: das »Belvedere«.
Die liechtensteinische Ökonomielandschaft des »ganzen
Hauses« hatte sich im 18. Jahrhundert, unter dem Planen

und Bauen, Entwerfen und Theoretisieren der großen Liechtensteiner Geschäftsleute und Staatsmänner, der berühmten Feldherren, Kanzler und Diplomaten, in einen grafschaftsgroßen englischen Garten verwandelt. An seinen Rändern aber ging dieser Park in das Bild einer großen Stadt über. An manchen Stellen wuchs diese unsichtbare Stadt unversehens aus der Landschaft hervor. Verlassen und doch zukunftsverheißend stand ein Obelisk (das Denkmal einer längst vergessenen Seeschlacht) zwischen Äckern auf einer Wiese. Einen Moment lang sah ich ihn als den Mittelpunkt eines belebten städtischen Platzes.

Ich wusste, dass ich noch oft hierher zurückkehren würde, als ich in Lednice auf dem winzigen Marktplatz des Ortes stand. Dann, fast schon ganz verzaubert, drang ich in den Park um das spukschlosshaft komplizierte liechtensteinische Sommerschloss aus dem 19. Jahrhundert ein. Es ist über und über, bis unter das Dach hinauf, bedeckt von rasiermesserscharf ausgearbeitetem heraldischem Rankenwerk, überwuchert von Türmchen, Simsen, Wappen, steinernen Jagdwaffenbündeln, Wasserspeiern in Form grotesk magerer Jagdhunde. So steht es auf einer geräumigen Terrasse, die ins Tal der Thaya hinuntersieht. Bis an den Horizont ist die Flussaue in jede Himmelsrichtung durch jahrhundertelange Arbeit verwandelt worden in eine auf kleinstem Raum trotzdem anfangs- und endlos wirkende Park- und Seenlandschaft. Künstliche Ruinen können zum Ziel galanter Bootsfahrten werden. Von einem hohen Minarett aus soll man an schönen Tagen den Wiener Stephansdom sehen.

Im 18. Jahrhundert aus Amerika importierte Sämereien haben sich in den größten europäischen Wald amerikanischer Redwoods und Maples, Kanadischer Kiefern und Spitzeichen verwandelt (ein paar Kilometer weiter lieferte noch vor dem Krieg eine riesige Nutzholzplantage den Rohstoff für bis nach Prag und Wien betriebene Geschäfte mit Brennholz).

Landwirtschaftlich experimentiert wurde auch in einem Gewächshaus, das sich als ein Seitenflügel von Schlosslänge an das neugotische englische Herrenhaus der Sommerresidenz anschließt. Ich suchte meinen Weg zwischen den Pfützen, ich wollte näher an das Haus selbst heran. Durch große, ungeputzte, kassettierte Panoramafenster konnte ich hineinsehen in einen ebenerdigen Salon. Staub regierte dort drinnen. Die Kälte hoher Räume, die einige Wintermonate lang nicht mehr geheizt worden sind, lag über Sitzgruppen im Hotellobbyformat, über einem tischtennisplattengroßen Tudorschreibtisch, einer Bronzeskulptur in der Saalmitte. Kälte und Leere auch in den beiden Kaminen. Landschaften und Ölporträts hingen an den Wänden. Erinnerungen an die Interieurs in Coppolas »Der Pate« gingen mir durch den Kopf, an den gigantischen Salon des »Overlook Hotel« in Kubricks »Shining«, und ich dachte es mir einen Moment lang als den Inbegriff des richtigen Lebens, in diesem Salon mit meiner Frau morgens Tee zu trinken, bevor ich mich an die unternehmerische Arbeit machen würde.

Ich bin später wirklich noch oft in der Unternehmerutopie von Lednice und Valtice spazieren gegangen. In tiefem

182

Schnee bin ich vom Gewächshaus bis zu der künstlichen Ruine gestapft, die in tiefer Verlassenheit und gespenstischer Bosheit inmitten eines gefrorenen Sees erstarrt war. An einem Samstag im Hochsommer plagten mich die Mücken der unzähligen Teiche, als ich den Ringwall einer geheimnisvollen frühmittelalterlichen Stadt abschritt. Die Fassade eines klassizistischen Ausflugsschlösschens sah über ihn hin wie eine dort 1815 aufgestellte und seither vergessene Fest- oder Theaterdekoration. Aber die Bedeutung all dessen schien mir an keinem Tag mehr so einleuchtend wie an jenem Märzmorgen, als eine Frühlingsahnung die Welt wieder beginnen zu lassen schien. Ich aber meinte damals einen Moment lang zu wissen, die Bewohner dieses Salons hätten es aus keinem anderen Grund so ostentativ gut gehabt, als dass damit so etwas wie ein Vorbild in der Welt sei. Ein Muster dafür, wie man die Dinge zur eigenen Bequemlichkeit und Geborgenheit einrichten solle und damit zugleich zum Nutzen der einem anvertrauten Menschen, zum Gedeih einer prosperierenden Wirtschaft, zum Aufblühen des Landes. Das Wohlleben der Fürsten von Liechtenstein in Valtice und Lednice (damals hießen diese Orte übrigens noch Eisgrub und Feldsberg) war produktiv gewesen. Ein Vorbild. Und mir schien einen Moment lang, als hätte ich, 2003 so alt wie meine Eltern in meiner Studienzeit, auf dieser Fahrt und den vielen anderen, von denen hier erzählt worden ist, nur ihren um 1975 möglich gewordenen Ausblick auf ein schönes und freies Alter in mein eigenes Leben hineinzukopieren versucht (auf der Allee zwischen den mährischen Seen schien auf einmal die Sonne über dem Meer bei Athen).

In die tschechische Industriestadt Zlín wiederum fährt man von Lednice und Valtice eine Stunde lang auf Landstraßen nach Nordosten. Vor ein paar Jahren war ich an einem hoffnungslosen Nachmittag im späten Winter schon einmal dagewesen. Im Schneematsch wanderte ich durch gebogene Straßen auf einem Hügel über den Fabriken und Verwaltungsgebäuden umher, in Vladimir Karfíks berühmter Gartenstadtsiedlung für die Arbeiter der Bat'a-Schuhfabriken. Karfík hatte während der heroischen Phase der modernen Architektur, in den zwanziger Jahren, mit Le Corbusier und Frank Lloyd Wright zusammengearbeitet. Nach seiner Rückkehr aus Amerika verwandelte er in den eineinhalb Jahrzehnten von 1930 bis 1945 das ehedem herzlich unbedeutende, malerisch in einem langgestreckten Waldtal gelegene Dorf Zlín in die einzige funktionalistische Stadt, die jemals ihren Zweck erfüllt hat (zumindest eine Weile lang und nach Ansicht von Karfíks Lehrmeister Le Corbusier).

Karfíks Auftraggeber war eine der charismatischsten und problematischsten Gestalten, die der europäische Kapitalismus im letzten Jahrhundert hervorgebracht hat. Tomáš Bat'as Vorfahren hatten seit Generationen als Schuster in Zlín gelebt. Anfang des Jahrhunderts begann der junge Tomáš damit, das Handwerk seiner Vorfahren, das bis dahin überall auf der Welt in mittelalterlich-zünftigen Produktionsverhältnissen ausgeübt worden war, auf eine industrielle Grundlage zu stellen (woran vor ihm überraschenderweise noch niemand gedacht hatte). Bat'as Vorbild war Amerika, wo er als junger Mann ein paar Jahre Gastarbeiter gewesen war. Henry Ford begann in Detroit

1903 mit der Massenproduktion von Autos. Schuhe – das
war nun die Geschäftsidee des in sein mährisches Dorf
zurückgekehrten Tomáš Bat'a – brauchte man viel not-
wendiger und massenhafter als Autos. In Europa liefen
bis weit in die dreißiger Jahre hinein nicht nur die Land-
kinder barfuß. Auch weniger wohlhabende Erwachsene
besaßen ihr Leben hindurch nicht mehr als ein oder zwei
Paar, ausgetreten, immer wieder geflickt. Das entscheidende Ereignis der Firmengeschichte aber war nicht der
Konsum der Massen (der erst viel später in Schwung
kommen würde), sondern der Erste Weltkrieg (in dem
die Massen selber konsumiert wurden). Die Armeen, die
man 1914 bis 1918 auf den europäischen Schlachtfeldern
verheizte, traten in industriell gefertigtem Schuhwerk
an. »Wo immer deutsche Soldaten im Vormarsch waren,
die Stiefel meines Großvaters waren auch dabei«, schrieb
Richard Swartz über eine schwedische Parallelgeschich-
te zum Aufstieg der Firma Tomáš Bat'as. »Wir trocknen
die Tränen von Millionen«, soll dagegen Bat'a nach dem
Krieg gesagt haben. »Die Tränen jener Mütter, deren
größte Sorge es ist, ihre Kinder nicht barfuß zu wissen.«
Was hintereinander gelesen kein schlechtes Bonmot über
die politische und moralische Indifferenz des modernen
Konsumkapitalismus ergibt.

Es war Frühling, als ich zum zweiten Mal hinkam. Ich
fuhr über die bewaldeten Hügelkämme von Süden her in
das ganz von glänzender modernistischer Industriearchi-
tektur erfüllte Tal hinein und parkte vor dem berühmten
Bat'a-Verwaltungsgebäude, einer über siebzig Meter
hohen Hausskulptur aus Glas, Stahl und lachsfarbenem

Backstein. Eine abstrakte Landschaft des Vertikalen war hier weit in den blassblauen Frühlingshimmel vorgetrieben, edel, abweisend und beschäftigt nur mit ihren eigenen Formgesetzen, gegliedert in Bänder aus kassettierten Fenstern, Mauerwerk, Edelstahl. Wolken spiegelten sich in der Fassade. Es war Haus 21 in Tomáš Bat'as betriebseigener Gebäudeklassifizierung: auf dem stadtgroßen Firmengelände das erste von Süden und das zweite von Osten. Das Hauptwerk Ludwig Karfíks ist eine perfekte und vom ersten Blick an nicht anders als *erhaben* zu beschreibende Maschine aus Großraumbüros, Aufzügen, Heiz-, Abwasser- und Fensterputzanlagen, in jedem Detail funktional und ästhetisch vollkommen durchdacht und ohne jeden Kompromiss des Materials oder der Verarbeitung realisiert. »Auch die Moderne also hat ihre Akropolis«, dachte ich, als ich einen kleinen Spaziergang um die große Gebäudeplatte unternahm, die im Frühlingssonnenschein zu vibrieren oder in sich zu schwingen schien. Vorbei an einer ebenfalls von Karfík entworfenen funktionalistischen Skulptur, dem einzigen Schmuck des Gebäudes, kam ich in das große Foyer.

Haus 21 ist in den letzten Jahren von den renommiertesten tschechischen und internationalen Firmen bis in jedes Detail der Armatur, der Verglasung, der Heizungsanlage, des Bodenbelags originalgetreu renoviert worden. In der Vorstandsetage herrscht eine Art Bauhaus-Jugendstil aus Messing, Chrom, Holz und Linoleum. Durch fein gegliederte Fensterfronten sah ich im Treppenhaus in das sich frühlingshaft mit Grün und Blüten belebende Land hinaus. Ein Paternoster senkte sich und stieg. Die Uhr über seinen beiden Türen, das stählerne Feld mit den erleuchteten Knöpfen zwischen ihnen war von vollkommenen Proportionen. Es war unmöglich, das Arrangement zu fotografieren, ohne dass das Ergebnis nachher am Computer aussah wie ein Bild von Candida Höfer. Die feuerwehrrot lackierten, chromblitzenden, stahlschwarzen Armaturen der Heizungsanlage, noch die mattiert leuchtenden Stahlhebel der Fensterklinken waren Skulpturen, deren beträchtlicher dekorativer Gehalt so innig dem funktionalen eingesenkt und so bruchlos mit ihm verfugt war, dass man sich unwillkürlich fragte, wie man derlei jemals überhaupt irgendwie anders hat machen können. Und als Nachgedanke, gegen den man sich sozusagen nicht wehren kann: »Das wird man noch in zweitausend Jahren bewundern.«

Um auf der Terrasse des Restaurants im obersten Geschoss etwas zu essen oder einen Kaffee zu trinken, war es noch nicht warm genug. Fassungslose Touristen aus Deutschland bestaunten den weiten Ausblick über die Wälder, die Kuben, Straßen und Gärten der Arbeitersiedlung, wo in der Entfernung Obstbäume blühten. Niemand im Westen hat das noch vor ein paar Jahren gekannt. Wir sind jahrzehntelang von den Hauptwerken der Moderne abgeschnitten gewesen (man sieht es unseren wiederaufgebauten Städten an, dachte ich). Die Sonne kam heraus, und ich fuhr in der Stadt umher, auf der Suche nach dem Privathaus Tomáš Bat'as. Die Schulen, Krankenhäuser, Fabriken, Kantinen des Orts sind von Karfík sämtlich nach einem bestimmten Modulsystem errichtet worden, das so angelegt war, dass es genügend Variationen ermöglichte, um jedem Zweck dienlich zu sein und zugleich jedem Gebäude ein ästhetisches Signum gab (und das es vielleicht noch nachfolgenden, möglicherweise weniger begabten, Architekten ermöglichen sollte, Qualität hervorzubringen). Aber die Bauherren des sozialistischen Gottwaldov (wie Zlín nach 1945 dann bald hieß) hatten sich nicht mehr an Karfíks Modulsystem gehalten, das als dekadent, bürgerlich oder sonstwie entartet gegolten haben wird. Zermatschte Wohnblocks aus den sechziger Jahren hatten sich zwischen die kühl auf sich selbst verweisenden Fassaden Karfíks gedrängt (rüpelhafte Parteifunktionäre aus Usbekistan auf der New Yorker Vernissage eines *minimal artist*). Am Steilhang stand ein überkrautetes Siegesdenkmal für die Rote Armee.

Im Privathaus Tomáš Bat'as, das ich jenseits des Flusses schließlich gefunden hatte, ist eine Stiftung, ein Fortbildungszentrum oder etwas Ähnliches untergebracht. Ich hatte einen Bau wie die Tugendhat-Villa in Brno erwartet und war ein bisschen enttäuscht darüber, dass der kühne, tyrannische und so überwältigend qualitätsbewusste Tycoon, der 1932 mit seiner Privatmaschine an einem Schornstein seines eigenen Betriebs zerschellt ist, in einer idyllischen, übrigens nicht besonders großen Villa jenes neusachlichen Landhausstils gelebt hat, den man während der zwanziger Jahre in München-Bogenhausen oder im Berliner Grunewald gepflegt hat. »Er hat hier aus einem kleinen Dorf in der Kürze seines Lebens eine Stadt gebaut«, schrieb František Trnka von der Tomáš-Bat'a-Universität, »mit Fabriken, mit gepflasterten Straßen, Wäschereien für die Bevölkerung, mit elektrischer Beleuchtung, er hat Familienhäuser für die Leute gebaut. Sein erstes Ziel war, allen Menschen ein Bett zu geben.«

Vielleicht sein erstes. Aber die Beseitigung der elementarsten Not und Unordnung ist nicht das eigentliche Ziel Tomáš Bat'as gewesen. Er und sein Architekt scheinen vielmehr in Zlín ein unverlierbares Baudenkmal dafür haben errichten wollen, dass die moderne Industrie das Leben auf eine richtige Grundlage (auf die einzig richtige) stellen kann. Dass die Bat'a-Geschäftsleitung ihren Betrieb (ihre Stadt) in den zwanziger Jahren bei aller Fürsorge mit fast totalitärer Strenge regiert hat, ist kein Argument gegen ihre Utopie. Unnötig zu erwähnen, dass Bat'as Planungen so hinfällig gewesen sind wie alle Weltenpläne. Zlín ist nicht wahr geworden. Aber schön ist es immer noch. Vielleicht ist die Stadt in Wirklichkeit ein Denkmal dafür, dass auch die Utopien des Kapitalismus nur als ästhetisches Phänomen zu rechtfertigen sind.

Die stalinistische Musterstadt Dunaújváros wurde in den fünfziger Jahren aus polischen Gründen in der genauen geographischen Mitte Ungarns angelegt. Das Hotelzimmer war unerwartet teuer und schlechterdings grauenvoll, eine mit Spiegeln und schwarzem Plastik getäfelte Angelegenheit aus den siebziger Jahren, mit glitschig kunstseidener Bettwäsche und einem unnatürlich großen (unbestimmt an gewisse Brillen jenes ästhetisch so völlig verunglückten Jahrzehnts erinnernden) Digitalwecker auf dem wackeligen Nachttisch. Wie sich noch herausstellen würde, sollte dieses Gerät gegen halb vier Uhr nachts in wildes Blinken und Piepsen ausbrechen und sich eine halbe Minute lang (schlaftrunkenes Hantieren auf der Suche nach dem richtigen Knopf) nicht abstellen lassen, wonach an wirklichen Schlaf nicht mehr zu denken war. Nur war am Abend zuvor in Budapest, wo wir eigentlich hatten übernachten wollen, Sekunden, nachdem wir einen Parkplatz gefunden hatten, ein apokalyptisches Sommergewitter niedergegangen, vor dem wir uns unter einem Brückenbogen dem Parlament gegenüber gerade noch einmal hatten in Sicherheit bringen können. Danach eine fluchtartige Fahrt durch die knöcheltief überschwemmten Straßen der Innenstadt und über eine überfüllte Ausfallstraße im Feierabendverkehr. Und schließlich die weiten, leeren Ebenen des Donauschwemmlands, in denen überhaupt niemand mehr unterwegs schien und ich an nichts anderes mehr gedacht hatte als an ein Bett und ein Abendessen.

Gegen halb sieben Uhr morgens verlor sich der erste Sonnenschein des Tages in den ungeputzten Ecken und auf den verkratzten Plastikflächen des siebzigerjahreschäbigen Hotelzimmers. Ich zog mich an und ging in den strahlenden Augustmorgen hinaus. Schon am Abend zuvor waren wir durch einen kilometerlangen, parkgesäumten Boulevard gekommen und die zinnenbewehrten Dachtraufen der Wohnblockzeilen zu unserer Linken, halb verborgen hinter hohen Bäumen und luxuriös breiten Trottoirs, ließen im Dämmer die sparsamen Ornamente, Säulen, Erker und geschmiedeten Gitter erkennen, die man während der stalinistischen fünfziger Jahre von der Neuen Sachlichkeit übernommen hat (»das bürgerliche Erbe«). Man kann sich an solchen Spätsommertagen schon genau vorstellen, wie bald es nun Herbst wird. Die Blätter der Linden auf dem ehemaligen Stalinboulevard und ihre hubschrauberartig geflügelten Samenkapseln lagen, verwirbelt vom Sturm, überall auf dem Asphalt und in den Rinnsteinen. Kühle ging von Pfützen aus. Ein nebliger Hauch lag über den Rasenflächen. Tau schlug sich auf der Bronze dort aufgestellter Standbilder nieder (Arbeiterhelden, Trümmerfrauen, Fliegerhelden). Die Ärmlichkeit der Lebensmittelgeschäfte, Bäckereien, Lotto-Toto-Annahmestellen, zu denen alte Frauen und von ihren Ferien schon gelangweilte Schulkinder unterwegs waren. Der Sommermorgen. Und das Gefühl des Spaziergängers, die Planung der Stadt als eine tief romantische Formunternehmung zu begreifen. Kein Fenster und kein Balkon der flussbreiten Prachtstraße war ohne Perspektive auf die ausgedehnten frühherbstlichen Rasenbänder, auf jene großen Bäume am Straßenrand. Ein breiter, dem Boulevard paralleler Parkstreifen verhüllte die gegenüberliegende Seite. Und zugleich war Natur hier überall durchsichtig auf etwas, was in marxistischen Schriften, dachte ich dann gleich, vermutlich umschrieben ist als »die menschliche Aneignung der Realität durch Arbeit«. Die fast wollüstige Vorstellung einer Vermenschlichung, Bewältigung, einer Symbiose des Geistes mit der Natur und den – im Kapitalismus ja angeblich ebenfalls naturwüchsigen – sozialen Beziehungen der Menschen durchzieht als Leitphantasma ja schon die »klassischen« Bücher von Marx und Engels.

Im romantischen Licht dieses Sommermorgens war das marxistische Phantasma plötzlich sichtbar: seltsamerweise als eine Stimmung, die Joseph von Eichendorff beschrieben haben könnte. In Nebenstraßen reihten sich standardisierte kleine Bauhausvillen aneinander. Auf einem Platz unweit davon stand ein neoklassizistisches Theater einem mosaikengeschmückten Gemeinschaftshaus oder »Kulturpalast« gegenüber (markige Eisengießer, schweißtriefende Schnitterinnen zu Seiten des hohen Eingangs in die Versammlungshalle mit Restaurationsbetrieb; flötende oder klampfende Rotgardisten, singende Mädchen aus Gips wiederum im Giebelfeld des Kunsttempels). Hier hatte sich das »expressionistische Modell« der Marx'schen Frühschriften in Stadtplanung übersetzt, der Traum »jener schöpferischen Produktivität, in der der Künstler mit der Gestaltung eines Werkes zugleich seine eigenen Wesenskräfte entfaltet« (Jürgen Habermas). Als gehe es in der industriellen Arbeitswelt zu wie in einem Künstleratelier. Als sei die befreite Klasse der Lohnarbeiter ein Kollektiv romantischer Genies, deren Seele hier weit ihre Flügel ausspannen und durch die Sommerlandschaft nach Hause fliegen werde. Als sei es in Sztálinváros (Stalinstadt, wie die Stadt bis 1961 hieß) und in der Arbeit, die in diesen Straßen, Parks und Plätzen verherrlicht wird, endlich einmal zur Versöhnung des Geistes mit der Wirklichkeit gekommen, von der Hegel träumte.

Ich wusste, dass das alles Quatsch war und ein Vorwand für die Zerstörung eines halben Kontinents. Aber ich konnte mich dem Sog der halb träumerischen, halb terroristischen Formgesinnungen, die ich an diesem Sommermorgen in den Straßen von Dunaújváros mir erwanderte, lange nicht entziehen. Als ästhetisches Phänomen zu rechtfertigen, dachte ich, ist sogar die Herrschaft Stalins. Diese Stadt unterscheidet sich von ihren Schwestern Nowa Huta oder Eisenhüttenstadt nicht nur darin, dass hier ein oder ein halbes Jahrzehnt lang auch die architektonische Moderne zugelassen worden ist (fast rührend dann allerdings die volkskunstinspirierten Mosaiken über den standardisierten Eingängen sehr guter Reihenhäuser in der Formensprache des Bauhauses: »national in der Form, sozialistisch im Inhalt«). Im Gegensatz zu anderen europäischen Stalinstädten scheint es in Dunaújváros außerdem wirklich gelungen zu sein, Urbanität städtebaulich zu fingieren (wodurch sie sich dann wirklich so hergestellt hat, als sei sie über Jahrhunderte gewachsen). Eine alte Frau in einem roten Morgenmantel trat gähnend, mit umständlichen morgendlichen Aufräumarbeiten beschäftigt, auf ihren Balkon. Erste Lieferwagen luden Fässer und Kartons aus. Arbeitslose sammelten sich an Kiosken. Straßen waren so geführt, dass sie in Parks oder auf baumbestandenen Plätzen endeten. Nirgends war ein Gebäudetyp, eine Geschosshöhe, ein Baustil länger durchgehalten als organisch einleuchtend gewesen wäre (allenfalls einen alltäglichen Spaziergang weit). Aus dem Einflussbereich rhetorisch aufgesteilter Zuckerbäckerturmensembles vor weiten Aufmarschplätzen und martialischen Denkmälern geriet ich in Straßen still unter Bäumen daliegender *terraced houses* (Erinnerungen an Hampstead Heath).

Eine leicht aufwärts führende Allee endete als Ausblick in den Himmel, der von Morgenwind und den letzten Wolken des nächtlichen Sturms bewegt wurde. Im Näherkommen stand vor diesem Hintergrund, in dem von alten Bäumen gebildeten Rahmen, eine Gruppe von Bronzefiguren. Sie stellten Bauern dar, irgendwie mit Ernte oder Mahd beschäftigte Landjugend. Den leicht abstrahierten Fünfziger-Jahre-Stil der Figurengruppe hätte man auch im Foyer eines deutschen Landesparlaments besichtigen können. Hinter ihnen öffnete sich, sichtbar vom Flusshochufer bis an entfernte Horizonte, die Ebene des gewaltigen, hier schon fast seebreiten Flusses mit seinen Auwäldern und Nebenarmen. Breite Treppen, Geländer, Aussichtsterrassen, Bänke führten zur Donau hinab, und ein stadtgroßes Kombinat stand in der Entfernung. Die Bronzemänner der sozialistisch-realistischen Figurengruppe hatten kelchförmige, irgendwie sehr alm-öhi-hafte Filzhüte auf. Die Figuren richteten ihre Blicke, Sensen und Rechen wie erstaunt zur Stadt hin, die sich (es ging schon auf halb zehn Uhr morgens) längst mit Verkehrslärm und Passanten belebt hatte. Nur eine der Frauen hatte sich von den Straßen weg und der schweigenden Flussebene zugewendet, als wolle sie verstohlen Abschied nehmen.

Vor meinem Ausflug nach Bratislava-Petržalka einige Wochen später hatte eine Art Mutwillen mich einen entscheidenden Fehler begehen lassen. Ich hatte auf meinen Gang in die Pressburger Plattenbausiedlungen südlich der Donau als Verschnaufpausenlektüre kein aufheiternderes, beruhigenderes und antizyklisch besänftigenderes Buch mitgenommen als Jasper Johns aufwühlende und wirklich besorgniserregende politische Studie »Rogue Regime. Kim Jong Il and the Looming Threat of North Korea«. Es war, wie sich bald genug herausstellte, tatsächlich Übermut gewesen. Ich hatte mir zugetraut, mit Hilfe der Lektüre dieser informativen, gut recherchierten und deshalb schlechterdings haarsträubenden Monographie auf meinem Gang durch jene schon in der Fernsicht von überallher bedrückend weißen, starren, uniform und bis über das Blickfeld hinaus kein Ende nehmenden sozialistischen Wohnblocks zusätzliche und den genius loci zur vollkommenen Kenntlichkeit verstärkende Bedrückungen in mir hervorzurufen, um das Gesehene dann umso besser beschreiben zu können.

Zwei Stunden später saß ich in einem dunklen, nach Frittenfett, Schweiß und Marlboro stinkenden kneipenartigen Etablissement im Erdgeschoss eines dieser Giganten. Von nahem sahen die Hausgebirge weniger weiß aus als grau; es war das Grau eines billigen, brüchig gewordenen und von Wasserschlieren durchzogenen Betons. Vor dem Fenster Müllcontainer und eine verschlammte Grünanlage mit rührend kleinen Schaukeln und Klettergerüsten. Ich las bei Jasper Johns von entsetzlichen unterirdischen Untersuchungsgefängnissen und Mini-KZs (für *die kleine Folter zwischendurch*, musste ich dann leider gleich vor mich hindenken), die in Nordkorea offenbar bevorzugt an belebten öffentlichen Plätzen und mitten in solchen Wohnvierteln angelegt und betrieben werden, die wohl aussehen wie das, in das ich jetzt gerade hinaussah. Es lag in einer ungut gleißenden Februarsonne. Und von einer Sekunde auf die andere befand ich mich in den Fängen einer ausgewachsenen Panikattacke.

Schon auf dem Weg hierher hatten die aus jeder Richtung auf mich herabsehenden Gebäudemassive das unnütze Gegrübel in mir hervorgebracht, in dem sich die Depression ankündigt. Die bevorstehende Vorsorgeuntersuchung bei meinem Hausarzt fiel mir ein; unser Streit neulich; allerlei Büroquerelen. Alles fiel mir ein, was man nicht ändern kann. Was nun mal auszuhalten ist. Und man erinnert sich in jenen Momenten dann eben doch nie (oder viel zu spät) an die rettende Weisheit jenes Knuddel-Alien Alf aus der gleichnamigen Fernsehserie, der auf die Erklärung seiner irdischen Gastfamilie, ein bestimmter Kühlschrank sei kaputt und nicht mehr zu reparieren, mit dem tiefen und befreiend komischen *Koan* geantwortet hatte: »Wenn man es nicht reparieren kann, dann ist es auch nicht kaputt.« Denn auch das, was man in den sechziger Jahren auf dem Donausüdufer gegenüber der Altstadt von Bratislava angerichtet hat, ist ja nicht mehr zu reparieren, sondern nur noch auszuhalten. Und von mehreren Arbeitskolleginnen weiß ich, dass man es sogar ganz gut dort aushalten kann. Hatte eine dieser Damen mir nicht erst letztes Jahr, als irgendwann im November der erste Schnee gefallen war, nicht geradezu schwärmerisch den Blick aus ihrer Küche über den schneebedeckten Aupark hinweg auf die plötzlich weiß und reinlich daliegende Burg, die Brücke, den Dom beschrieben?

Die heutige Trabanten-, Schlaf- und Plattenbaustadt Petržalka scheint ursprünglich einmal nicht als ein Vorort, sondern als eine ernsthafte Alternative zu Bratislava konzipiert worden zu sein, das vielleicht deshalb an vielen Stellen so uneinheitlich, zermatscht und verloren aussieht, weil eigentlich keine Fraktion ihrer Bewohner und Machthaber sich je so recht mit der Stadt identifizieren konnte. Den Politikern in Prag galt sie als Symbol des slowakischen Separatismus, den Slowaken (die vor 1918 weniger als zwanzig Prozent ihrer Einwohner gestellt hatten) als eine deutsche Stadt. Den Deutschen wiederum war sie zu jüdisch und den Ungarn zu deutsch. Die Kommunisten fanden sie zu bürgerlich, und das Bürgertum hatte sich in den alten Villen auf den Weinberghügeln und in ihrer inneren Emigration verschanzt. In den späten sechziger Jahren hat die kommunistische Obrigkeit der Tschechoslowakei dann nicht nur die südliche Gegenstadt Petržalka projektiert. Zur selben Zeit hat sie auch die weit ins Land und über den Fluss ausholenden Autobahnen durch das Stadtgebiet gelegt. Von einer architektonisch spektakulären Donaubrücke aus wurde der Raum- und Sinnzusammenhang der Innenstadt (und viel vom Selbstbewusstsein ihrer Bewohner) durch diese Magistralen unwiderruflich zertrümmert. Man konnte jetzt von Petržalka aus direkt nach Pressburg hineinfahren. Von dem allerdings schon in den achtziger Jahren wenig mehr übrig war als verrottende, kohlenrauchgeschwärzte barocke Paläste und Kirchen.

Zwei monumentale Eckgebäude in der Gegend des Petržalkaer Bahnhofs stellen die Ruine einer Planung dar, nach der ein zentraler Boulevard die Plattenbaumasse am Donausüdufer durchziehen und strukturieren sollte (die dann allerdings doch völlig amorph und labyrinthisch geblieben ist). Es geht einem beim Spazierengehen in Petržalka unmittelbar auf, dass dessen sozialistische Architekten und Auftraggeber aber schon zu Beginn der siebziger Jahre (obwohl es damals noch fast zwanzig Jahre hin war bis zur allgemeinen Auflösung) nicht mehr die Kraft und den Mut aufbrachten, jene schwingenden romantisch-rhetorischen Gesten zu vollziehen, die in den fünfziger Jahren zum Beispiel Sztálinváros/Dunaújváros hervorgebracht haben und in den Straßen dort heute noch zu erwandern und nachzuerleben sind.

Es gibt ja im ehemals sowjetisch okkupierten Mitteleuropa noch mehr »unverstandene« Städte, deren Bewohner es durch die Umsiedlungsverordnungen Stalins 1945 aus ganz fremden Ländern und Weltgegenden in oft zerstörte ehemals deutsche Stadthülsen verschlagen hat und die aus ihren neuen Unterkünften dann mit einer gewissen psychischen Anstrengung etwas machen mussten (eine neue Heimat). Oft ist ihnen das nicht ganz gelungen, und sie sind innerlich nicht recht heimisch geworden in den Straßen, Ruinen und Stadtdesigns, die von ganz anderen Lebenswelten und Traditionen geformt waren als die, nach denen sie Heimweh hatten. Eine Art Widerwille war in diesem Einbürgerungsprozess zu überwinden, ein schwer zu beschreibendes Gefühl. Es ist, stelle ich mir vor, schwächer gewesen als Ekel, aber von der gleichen Gefühlsqualität. So, wie es einen unwillkürlich ein bisschen davor grausen kann, in einem fremden Ehebett übernachten zu müssen, so frisch bezogen es sein mag. In der sozialistischen Neustadt von Kattowitz/Katowice war mir Jahre zuvor einmal klar geworden, dass Städte ihren Bewohnern so schlecht stehen können wie ein Tirolerhut. Der metropolitan breite Boulevard, der vom wilhelminischen Stadtkern, an Hochhäusern, Denkmälern und Kongresshallen vorbei, in die Industriegebiete und Plattenbauwüsten des Stadtrands führt, wirkt wie eine Bombenschneise, und um die rauchgeschwärzten neugotischen Kirchen aus der deutschen Gründerzeit ist immer so etwas wie Gespensterluft. Und vollends die Altstadt von Stettin/Szczecin ist in den fünfziger Jahren so unvollständig, verzagt, gedankenlos und lückenhaft wiederaufgebaut worden, als hätten ihre Politiker und Stadtplaner in der ständigen Angst gelebt, sie bald wieder hergeben und woandershin weiterziehen zu müssen. Als habe es sich für sie nie gelohnt, hier überhaupt irgendwie heimisch zu werden.

Die brasilianische Hauptstadt Brasilia, Monument eines in den sechziger Jahren auch im Westen herrschenden, heute fast stalinistisch wirkenden Glaubens an Vernunft, Planung, funktionale Trennung und die Zukunft, ist heute die Welthauptstadt des Okkultismus. Und auch über Petržalka erzählt man sich in Bratislava seltsam märchenhafte und gespenstische *urban legends*. Von unermesslich reichen Privatisierungsgewinnlern und Mafiakapitalisten ist da zum Beispiel die Rede, die das Obergeschoss ganzer Hochhauskomplexe in riesenhafte, mit Kunstwerken, teuren Möbeln, kostbaren Teppichen und jeder erdenklichen Form von Luxus vollgestopfte Lofts verwandelt haben sollen. Bentleys, Jaguars und kostbare Jeeps stünden in den dazugehörigen Tiefgaragen. Ihre Besitzer erreichten sie in geheimen Privataufzügen und führen, von Privatpolizisten begleitet, zu den nahen Flughäfen Schwechat und Bratislava-Zlaté Piesky, auf dem Weg zu einem Geschäftstermin in London oder einem Wochenende in Abu Dhabi. Nicht einmal die unmittelbaren Nachbarn ahnten etwas von diesen Märchenoasen des Reichtums, Wand an Wand mit ihrem ärmlichen Leben. Oder man entwickelt nach dem dritten Bier die Theorie, das Hochhauslabyrinth von Petržalka sei in Wirklichkeit so etwas wie eine bewohnte Panzerfalle, in der sich die Truppen der Nato verheddern und verirren sollten, wenn sie von Wien her angriffen. Ein Hügel außerhalb des Neubaugebiets wiederum, südlich in Richtung auf das ehemalige Römerkastell Gerulata zu, soll in Wirklichkeit aus den Resten und Trümmern des ursprünglichen Dorfes Engerau bestehen; in diesem Hügel (auf dem heute laut knatternde Moto-Cross-Fahrer herumrabauken) schlafe demnach irgendwie barbarossagleich die Vergangenheit.

Denn das vorsozialistische Petržalka war ein deutsches Fischerdorf inmitten eines komplizierten Binnendeltas aus Sümpfen, Donauarmen und Teichen, eine unsichere und ein bisschen anrüchige Gegend jenseits des Flusses, über den nur eine Brücke in die Ebene hinausführte, der Puszta entgegen. An den Wänden des Restaurants, das sich im ehemaligen Zollhäuschen der alten Brücke eingerichtet hat, kann man auf historischen Fotos die urtümliche Weite des Uferurwalds erkennen, der hier begann. Noch heute wundern einen die uralt wirkenden, prädiluvianisch hohen und verzweigten Ulmen, Pappeln und Eichen, durch die der Fahrradweg donauabwärts nach Ungarn führt. Von jenen Donauarmen ist nur einer noch übrig geblieben und schlängelt sich als spazierweg-gesäumtes Brackwasser durch das Neubaugebiet. In den Teichen weiter südlich kann man heute noch baden.

Unter dem starren und kalten Blick jener gebirgsgroßen Wohnmaschinen aber, umherirrend in der felswandstar-renden Verlorenheit von Petržalka wusste ich an diesem Nachmittag einige Viertelstunden lang vor Traurigkeit nicht mehr aus noch ein. Und wenn diese Traurigkeit auch meine ganz eigene gewesen ist, war meine individu-elle und zufällige Melancholie hier doch kilometerweit in alle Richtungen umgeben von der betongewordenen Er-fahrung, dass die Planungen der Menschen aufgefressen werden von der unaufhaltsam um sich greifenden Entro-pie der Welt und sich fast überall verwandeln in so etwas wie die Missgeburt einer menschlichen Siedlung, wie sie sich in Bratislava-Petržalka um einen erstreckt.

Ein Verlorener

Der alte Herr war unangemeldet gekommen. Ich hatte im Parterre des Goethe-Instituts zu tun gehabt und wollte in mein Büro hinaufgehen, als mich unser Rezeptionist aufmerksam machte auf einen kleingewachsenen, weißhaarigen, federleicht (fast vogelartig zart) und sehr unglücklich aussehenden Mann von siebzig oder achtzig Jahren. Er saß in einem mitgenommenen dunklen Anzug, eine Aktentasche auf den Knien, auf der vordersten Kante einer Sitzgelegenheit des Foyers und wartete, ohne jemanden anzusehen, bis ich auf ihn zutrat, mich vorstellte und den unerwarteten Besucher nach oben bat. Eine Tasse Kaffee oder das Glas Mineralwasser, die ihm von meiner Kollegin angeboten wurden, lehnte er ab. Zeit sei Geld, sagte der alte Herr lächelnd, indem er ein paar Sekunden lang in die Selbstironie und den leichten Souveränitätston einer untergegangenen Konversationstradition hinüberglitt, *time is money*, er wolle gleich zur Sache kommen und meine Zeit nicht ungebührlich beanspruchen (die wegwerfend-anheimstellend-neugierige Geste, mit der man derlei Eröffnungszüge dann beantwortet; wir waren ein paar Momente auf dem vertrauten Boden des konventionellen Spiels).

Nicht lange. Der alte Herr stellte sich als Professor G. vor, emeritierter Mathematiker der berühmten Universität der Stadt, Nummerntheorie, es werde mir nicht viel sagen (die achtungsvoll hochgezogenen Brauen, die man zu solchen Informationen zu machen pflegt, blieben den Bruchteil einer Sekunde zu lang oben, mit dem man signalisiert, dass man ein bisschen ratlos zu werden beginnt). Professor G. entnahm seiner Aktentasche eine Mappe aus dunkel kunstlederbezogener Pappe mit einem Goldaufdruck. Er könnte sie in den sechziger Jahren in seiner Zeit als Ordinarius bei einem feierlichen wissenschaftlichen Kongress hinter dem Namensschildchen auf seinem Platz vorgefunden haben (man könnte darin auch vielleicht eine Urkunde überreichen). Ein wenig fahrig zeigte er abgeschabte Dokumente seines ehrenvollen universitären Werdegangs vor, Ernennungen zum Dekan des Fachbereichs, Artikel über einen Gastaufenthalt in Chicago 1968, während des Prager Frühlings. Die Ereignisse in Bratislava und Prag hätten Professor G. (wie ich nun also in der »Chicago Tribune« von vor fast einem halben Jahrhundert las) so mitgenommen, dass er sich derzeit überlege, seinen Aufenthalt in der Fremde abzubrechen und in die Heimat zurückzukehren.

Es war unverkennbar derselbe Mann, der auf dem rotbraun verfärbten Papier des historischen Zeitungsausschnitts, damals wohl nicht mehr als knapp vierzig Jahre alt, neugierig und ein wenig keck in die amerikanische

Kamera schaute und jetzt verloren, scheinbar noch kleiner, auf dem Besprechungssofa vor mir saß und zunehmend planloser mit seiner Mappe und seinen Papieren hantierte. Es folgte eine lange Gesprächsphase, in der ich nur ungefähr dem folgen konnte, was zwischen meiner zunehmend besorgten, schließlich sichtbar bestürzten Kollegin und meinem Besucher auf Slowakisch vor sich ging. Als sie sich mir wieder zuwandte und kopfschüttelnd zusammenfasste, was sie gerade erfahren hatte, war die Atmosphäre in meinem Büro plötzlich verändert. Aus dem konventionellen Besuch einer wissenschaftlichen Respektsperson in einem Kulturzentrum war etwas viel Urtümlicheres und Ernsteres geworden. Eine Art Krankenbesuch, dachte ich einen Moment lang, oder (wie mir dann mit unangenehmer Plötzlichkeit und Deutlichkeit klar wurde) der Besuch einer um seine Würde ringenden, ins Elend gefallenen ehemaligen Respektsperson bei glücklicheren Standesgenossen (etwas, das in einem englischen Roman des 18. Jahrhunderts vorkommen könnte oder bei Eduard von Keyserling).

Die Geschichte war folgende: Gleich nach der »Samtenen Revolution« in der ehemaligen Tschechoslowakei, als jedermann (und vor allem junge Leute) einen Horizont aus Chancen vor sich sahen, habe der Sohn des alten Mannes die Karriere eines Unternehmers eingeschlagen und sei – die Einzelheiten, sagte meine Kollegin, tun nichts zur Sache, und man kann sie sich sowieso leicht ausmalen – heute im Gefängnis (»betrügerischer Bankrott« lautet die Formel, die einem dann sofort durch den Kopf geht, obwohl man sich nie etwas Konkretes unter dieser

Deliktbezeichnung vorstellen kann). Um die Schulden abzubezahlen, die der Gescheiterte seinen Eltern hinterlassen hatte, hätten seine Frau und er damals, 1999, ihre Eigentumswohnung im Zentrum der Stadt verkauft, für vier Millionen Kronen, wie sie glaubten und wie mündlich vereinbart gewesen war, für 600 000, wie sich aus dem berühmten »Kleingedruckten« im Anhang des Vertrags dann ergeben habe. Der betreffende Vertragsabschnitt habe zwar dem realen Wert der Immobilie und dem gesamten Geist dieses Rechtsgeschäftes offensichtlich Hohn gesprochen. Ihn aus seiner formalen Rechtsbedeutsamkeit zu verdrängen sei den alten Leuten dann aber in den unsicheren Verhältnissen der Mečiar-Zeit und bis heute nicht mehr gelungen. Das Geld sei futsch, der Käufer nicht zu belangen. Im Sommer lebten sie im Gartenhaus einer befreundeten Familie, winters in einem ehemaligen Lagerraum der Universität. Seine (an sich, wie er betonte, sehr gute) Pension gehe bis zu einem nicht entfernt für das Nötigste ausreichenden Minimalbetrag für den Schuldendienst drauf. Gerade jetzt habe er nichts mehr zu essen. Er habe seit Tagen nur noch von Früchtetee gelebt und bitte um eine Möglichkeit, sich bei uns etwas zu verdienen, und sei es mit leichter körperlicher Arbeit, zu der er durchaus noch imstande sei.

Man reagiert auf derlei mit unwillkürlicher Abwehr. Man will sich Beweise vorlegen lassen, man will den Bittsteller als Betrüger entlarven. Man will ihm nicht helfen. Das Unglück soll weggehen, zur nächsten Tür. Man fürchtet auf einer sehr urtümlichen Ebene seines psychischen Apparats die Ansteckung durch denjenigen, der einem da unter dem Deckmantel der Respektabilität ins Haus gekommen ist. Aber das Unglück, das Professor G. ausstrahlte, war so mit Händen zu greifen, seine Verzweiflung so deutlich belegt schon durch die Tatsache, dass er überhaupt in dieser Weise hier zum Betteln vorsprach, und die Dokumente, mit denen er da raschelte, sahen so vollkommen authentisch aus, dass mir klar wurde, dass ich hier vor einem jener Opfer der »nachholenden Revolution« saß, von denen ich schon oft gehört hatte – in Wirklichkeit vollkommen ahnungslos. Nur dass dieses Opfer hier eben wirklich existierte, vor mir saß und um Hilfe bat, geleitet von vielleicht fast unterbewusstem Vertrauen auf eine ständische Solidarität höherer Bildung. Ein Restbestand, dachte ich, nachdem ich gesagt hatte, ich wolle mir ernsthaft überlegen, was man da tun könne; nachdem der alte Mann sich mit mühevoll gewahrter Formvollendung verabschiedet hatte; nachdem ich ihn noch bis ins Treppenhaus gebracht und ihm einen Geldschein unauffällig überreicht hatte (er drückte mir die Hand und dankte mir auf Deutsch; als hätte er im 19. Jahrhundert plötzlich eine französische Dankes- und Abschiedsfloskel gebraucht).

Vilnius

Es gibt Sommernachmittage, an denen ein unzeitiger und durch nichts zu rechtfertigender November angebrochen zu sein scheint. In jener Gegend gibt es sie offenbar häufiger als anderswo. Ein nördliches Meer ist nicht weit. Von dort kamen an einem Samstag im Juli 2004 Wind und Regenwolken, reißende Böen überraschend kalter Sturmluft, an die sich sofort die Phantasie skandinavischer Düsterkeit, das innere Bild von Eismeeren heftete, dramatisch aufgewühlte Vorstellungen atlantisch-arktischer Höhenluftmischungen in exotisch-nordisch entfernten (jütländischen? samischen?) *theatres of meteorological operation.* Es regnete Bindfäden in Vilnius, der Hauptstadt von Litauen. »Hotel, Dauerregen, Kathedrale, klassizistisches Museum«, lese ich im Tagebuch. »Ein Hauch von Ulan Bator. Flusslandschaft mit Festungen und Arsenalen. Wunderschön restauriertes Burgareal. Stimmung wie am Ende von »Blow up«, tropfendes Grün und verlassene Tennisplätze. Hier würde ich an einsamen Sommerabenden hingehen, wenn ich hier wohnen würde, oder im Mor-

gengrauen joggen, wenn ich nicht schlafen könnte.
Geruch nach Meer. Gefühl von New York in der Provinz.«

An meinen ersten Notizen aus Vilnius kann man studie-
ren, wie die innere Inbesitznahme einer fremden Stadt
vor sich geht. Der selten bedachte und beschriebene
Vorgang nimmt von Anmutungen seinen Ausgang (»ein
Hauch« von Ulan Bator, heißt es im Tagebuch, sei mir
an jener »Flusslandschaft mit Festungen und Arsenalen«
begegnet). Und dann konstruiert der reisende Träumer,
auf dem Umweg über in Filmen gesehene Stadt- oder
Parklandschaften (es könnten wahrscheinlich auch in der
Literatur beschriebene sein) ein skizzenhaft phantasiertes, für eine unbestimmte Zukunft imaginiertes eigenes
Leben an dem neuen Ort. Er bürgert sich für ein paar
geträumte Minuten ein (auch hier schließlich hätte er zur
Welt kommen können).

Die »einsamen Sommerabende« meiner Phantasie von
mir selbst als Bürger von Vilnius, das Joggen in schlaf-
lose Morgendämmerungen hinein stammt aus Verwir-
rungen, die hier nichts zur Sache tun. Aus einer anderen
inneren Provinz jedoch, meiner Erinnerung an Michel-
angelo Antonionis Film »Blow up« von 1969, ist das
Bild eines einsamen Künstlers in meine Phantasien über
Vilnius hineingeraten. Der Held dieses metaphysischen
Thrillers, ein Fotograf in weißen Hosen und schwarzem
Samtjackett, ist nach einer in Londoner Clubs durchge-
brachten Nacht mit seinem Fotoapparat in den Park um
die Burg von Vilnius gekommen (denn plötzlich liegen

die Tennisplätze dort irgendwo in London). Er weiß nicht mehr, was die Wirklichkeit ist.

Wir wissen es, wenn wir in eine fremde Stadt kommen, ein paar Viertelstunden lang in den fremden Parks, Straßen und Plätzen auch nicht mehr. Aus keinem anderen Grund, als um dieses Gefühl kontrollierter Selbstauflösung zu genießen, unternehmen wir, glaube ich, überhaupt Reisen in fremde Städte. Denn die Anstrengung jedes selbstbewussten Lebens (wir müssen ein bestimmtes Bild von uns in ständig wechselnden Umständen aufrechterhalten, es neuen Tragödien oder Komödien anpassen, es weitererzählen und wiederfinden) verlangt die gleiche Selbstaufgabe und das gleiche innere Probehandeln von uns wie der erste Gang durch eine schöne unbekannte Stadt. Und das gleiche Einströmen längst vergessener Erinnerungen an Bücher und Filme überrascht uns in diesen Fährnissen, das gleiche Wiederauftauchen unserer Kindheitsszenen in einer Umgebung, die wir noch nie gesehen haben.

Auf meinem ersten Spaziergang in Vilnius im Sommer 2004 war es also die innere Erzählung über mich selbst als verlassener alternder Mann, der an windigen Tennisplätzen joggt und insgeheim genießt, dass er endlich seine Ruhe hat. Vielleicht so wie der Fotograf in »Blow up« am Ende des Films nicht ohne Erleichterung resigniert hat gegenüber der Aufgabe, die Welt mit seiner Kamera, auf seinem Fotopapier, in seiner Dunkelkammer zu enträtseln. Das Geheimnis ist jetzt einfach stärker als er. Der Mann, der ich in Vilnius unter dem tief ziehenden Regenhimmel ein paar Minuten lang war, würde viel Zeit für anderes haben, für Reisen nach New York, für Reflexionen aus seinem beschädigten Leben über einsamen Cappuccinos in den Cafés von Vilnius.

Das also war, in der ersten halben Stunde dort, Vilnius für mich. Die Hauptstadt Litauens, stellte sich allerdings bald heraus, ist zudem die freundlichste Stadt, in der ich überhaupt je war. Ob der Taxifahrer, die Hotelrezeptionistin, sogar die Lehrerinnen und Aufsichtspersonen der Schulklassen, die sich vollgeregnet und verloren in den schön restaurierten Backsteinruinen und Kopfsteinpflastergassen des Burgbergs umeinander drängten: Alle waren beseelt von einem geradezu leidenschaftlichen Entgegenkommen untereinander und auch dem hergelaufenen Touristen gegenüber. Der Regen ließ nach. Der verzweigte barocke Innenhof der Universität (im Grunde ist es eine kleinere, in sich abgeschlossene Version der Barockstadt mitten in der Barockstadt) ließ elaborierte Ordnungen weißer Säulen vor geschwungenen omelett- oder ostereiergelben Fassaden sehen. Der Hochaltar der Universitätskirche war gestaltet nach dem Prinzip des barocken Theaterprospekts, wo ineinandergeschobene Kulissen den Blick in die Tiefe freigeben. Sodass das Auge durch eine Flucht von Proszenien und Scheinwelten, die sich nicht halten konnten, ins Zentrum geleitet wird, das in der Universitätskirche von Vilnius irgendwie von einer mir nicht recht verständlichen und erkennbaren Reliquie gebildet wird.

Alte Bäume tropften um den klassizistisch weißen Regierungssitz. Der Abend kam. An einer von Mauern gesäumten, vage dörflich und unbestimmt verlassen wirkenden Gasse war in einer Reihe ruinierter Häuser eines exquisit restauriert. Dort war ich dann der einzige Gast eines sich als hervorragend herausstellenden japanischen Restaurants, in dem zwei wieder beschämend zuvorkommende Kellner Dienst taten; und dazu ein etwas sinister wirkender japanischer Koch, der manchmal aus seiner Küche trat, um sich ordnungschaffend oder (wie mir schien) ein wenig schikanierend und herumkommandierend in die Tresenangelegenheiten seiner Kollegen zueinander einzumischen.

Womit ich zum bisher noch unerwähnten zweiten Zentralphantasma meines ersten Spaziergangs in Vilnius komme. Das Großherzogtum Litauen ist als einziger europäischer Feudalstaat bis ins Spätmittelalter hinein (und auf dem Land schätzungsweise noch zweihundert Jahre länger) ein vollkommen heidnisches Land gewesen, mit einem differenziert ausgearbeiteten nichtchristlichen Pantheon, mit Menschenopfern, Baumkulten, Haintempeln und Quellorakeln. »Perkunas« ist der Name der Donnergottheit, von der man im Westen allenfalls schon etwas gehört hat. Meinem »Outline of Lithuanian History«, einer Flughafenerwerbung, entnahm ich im japanischen Restaurant nun, dass die weibliche Hauptgottheit der alten Litauer »Laima« hieß und dass ihr Name »Glück« bedeutet hat. Zu Ehren der Herd- und Vegetationsgottheit »Patrimpas« wiederum seien Schlangen in großen Tongefäßen gehalten worden. »Pikuolis« hieß der Gott der Unterwelt, der Dunkelheit und der Missgeschicke; »Veliona« die Hüterin der unterirdisch weiterlebenden abgeschiedenen Seelen.

An diese Götter wurde nicht am Ausgang der Gentilgesellschaft geglaubt (wie etwa bei den Sorben und Liutizen in Sachsen und Mecklenburg um die erste christliche Jahrtausendwende, bevor die große Ostkolonisation der sächsischen Könige das slawische Heidentum ausrottete). Sondern bis in die ersten Jahrzehnte der italienischen Renaissance hinein. Nicht in einem abgelegenen Landstrich jenseits des Ural, sondern in einem der großen und mächtigen Feudalstaaten Mitteleuropas (der sich von der Ostsee bis zum Schwarzen Meer erstreckte); und nicht nur auf dem platten Land, sondern auch in den Burgen, Kemenaten und Kronratsversammlungen einer mit dem internationalen Hochadel sich verheiratenden und Diplomatie treibenden Herrscherdynastie. Mit einer religionsgeschichtlich unerhörten *coolness* saßen die Litauer nicht nur die Kirchenväter und das große Schisma zwischen Ost- und Westkirche historisch aus (was den Polen und Böhmen ja auch gelungen ist), sondern dann auch gleich noch den Investiturstreit, die großen mittelalterlichen Ketzerbewegungen und -schlachten, die Kreuzzüge, Reformbewegungen und Papstwahlen, von denen die Geschichte im übrigen Europa bis in ihre innersten Tiefen bestimmt gewesen ist.

In Trakai, der Residenz der litauischen Großherzöge – das würde ich, ein paar Tage aus dem Staunen nicht mehr herauskommend, selber sehen – steht, auf einer Insel in einem ausgedehnten Seen- und Sumpfgebiet, ein gotisches Backsteinschloss von den Ausmaßen der polnischen Marienburg, in dessen weitläufiger Anlage es keine Kirche, keine Kapelle, kein Kreuz gibt. Dafür

einen düsteren Innenhof mit umlaufenden halsbreche-
rischen Holzgalerien (ein phantasiertes Zentralfeuer im
Regen, um das sich Reisige im Kettenhemd scharen). Den
Göttern wurde in den Wäldern geopfert. Die Kreuzrit-
ter, denen sonst nicht viel widerstand, bissen sich an der
kulturellen und religiösen Sturheit der Litauer die Zähne aus. Adalbert, der Prager Bischof, den der polnische
Herzog Boleslav der Kühne auf eine Missionsreise ins
Baltikum schickte, überlebte dieses Wagnis nicht. Die
Vita des heiligen Bonifaz, dessen Missionsreise 1009 in
diesen Gegenden ebenfalls mit seinem Märtyrertod endete, enthält die erste Erwähnung der Litauer. Das war
schon zur Zeit der großen christlichen Renaissance der
Ottonenkaiser, der großen Dome im Harz.

War es das Wissen um diese Zusammenhänge, die ich
dem Büchlein aus der Flughafenbuchhandlung entnahm,
war es das dramatisch düstere Regenwetter über der
Stadt oder der dörflich verlassene Hohlweg, in dem ich
das japanische Restaurant gefunden hatte? Jedenfalls ist
»märchenhaft« die einleuchtendste Anmutungsvokabel,
zu der sich meine ersten Erlebnisse in Vilnius an jenem
unsommerlich früh hereinbrechenden Abend in der Erinnerung konstellieren. Denn im Märchen ist uns als
Kindern das Heidentum, sind jene wahrsagenden Tiere,
jene in Brunnen (Orakelquellen) gerollten Goldkugeln,
jene Hexen, Wunderlichter und Helden noch so nah gewesen wie in Vilnius dem Touristen, der seine Nase auch
nur einen Moment lang in ein geschichtliches Kompen-
dium gesteckt hat.

»Im Jahr 1692 bekannte in Jürgensburg in Livland ein achtzigjähriger Mann namens Thiess, den seine Landsleute als Götzendiener betrachteten, vor den ihn verhörenden Richtern, er sei ein Werwolf.« So beginnt in Carlo Ginzburgs Buch »Hexensabbat. Entzifferung einer nächtlichen Geschichte« das Kapitel »Kämpfen in Ekstase«. In Ginzburgs berühmter Monographie geht es um nächtliche Schlachten von in Tiere verwandelten Bauern mit Dämonenheeren. Die Teufel und Hexenmeister schwärmen nachts zur Vernichtung der Ernte und zu anderem Schadenszauber aus und müssen von jenen Bauernzauberern und Freizeit-Werwölfen auf ausgedehnten schamanistischen Feldzügen in Schach gehalten werden. »Vergeblich versuchten die Richter, den Alten zu dem Eingeständnis zu bringen, er habe einen Pakt mit dem Teufel geschlossen. Beharrlich wiederholte Thiess, die ärgsten Feinde des Teufels und der Hexer seien die Werwölfe, wie er einer sei: nach ihrem Tod kämen sie ins Paradies. Da er sich weigerte zu bereuen, wurde er zu zehn Peitschenhieben verurteilt.«[4]

Jürgensburg liegt in der Livländischen Schweiz, einem Hügelgebiet östlich der lettischen Hauptstadt Riga, zweihundert Kilometer nördlich von Vilnius. Die livländischen Werwölfe, die bei den frühneuzeitlichen Inquisitoren im Ruch besonderer Aktivität und Bösartigkeit standen, sind wie die italienischen »Benandanti« und andere nächtliche Reisende, Kämpfer und Trancevirtuosen

4 Carlo Ginzburg: Hexensabbat. Entzifferung einer nächtlichen Geschichte. Berlin: Wagenbach, 2005

im übrigen Europa Erben ausgedehnter schamanisti-
scher Vorzeit-Kulte. Starr im Bett liegend, durch Tänze
oder Drogen außer sich gebracht, bestanden sie die inneren Abenteuer, die ihre kirchlichen Richter mit den
spätantiken Überlieferungen satanischer Gegenkirchen
zu synchronisieren versuchten. Ihrem eigenen Selbst-
verständnis nach aber waren diese nächtlichen Reisen
ein entscheidender spiritueller Beitrag zum Prosperieren
ihrer Dörfer und Ernten, die notwendige Nachtseite des
Erfolgs. »Der mensch geberde sich wie ein unsinniger,
lachte, hupfete, als wann er nicht aus eim thurm, sondern von eim wohlleben keme.« So beschrieb der Rigaer,
später Heidelberger Professor Hermann Witekind 1585
das Gespräch mit einem Werwolf, der aus dem Gefängnis
vor ihn gebracht wurde und der, wie Ginzburg schreibt,
»die mit Sarkasmus getränkte Sicherheit« an den Tag
legte, »mit der die Benandanti manchmal den Inquisitoren die Stirn boten«. Das Heidentum scheint nicht
nur in den erst im Spätmittelalter bekehrten baltischen
Landschaften, sondern auch im kernchristlichen Italien
bis in die Zeit der Gegenreformation hinein eine selbst-
bewusste Kultur mit gutem Gewissen und einer solide
durchgearbeiteten, fast schon theologisch reflektierten
Tradition gewesen zu sein.

Ich war auch beruflich verabredet in Vilnius. Es war
der Samstagabend vor meinem eigentlichen Termin am
Wochenbeginn. Das Bistro »Cozy«, wo ich mich nun mit
einigen aus Deutschland angereisten Besprechungskol-
legen zu einer Vorbegegnung in gesellig-entspanntem
Kreis traf, ist nur die der Wirklichkeit, der Straße, gleich-

sam der Rationalität und dem Alltagsleben zugewandte Tagseite eines tiefer gelegenen dionysisch-nächtlichen Etablissements, einer Art Disko, Bar oder Tobekeller für Erwachsene. Gegen elf Uhr abends belebten sich diese Hinter- und Untergründe, wie ich aus dem Augenwinkel wahrnahm, dramatisch. Steil, sozusagen ragend aufgemachte weibliche Ausgehwesen stöckelten in Kleingruppen oder in Begleitung von Einzelkavalieren an die noch oberirdisch gelegene Bar des Bistros, wurden dort mit allerlei Drinks versorgt und verschwanden in den mir einstweilen noch undeutlichen Tiefen des weitläufigen historischen Gebäudes. Als ich mich gegen halb zwölf an der Bar der Oberwelt mit einem frischen Weizenbier versorgt hatte, war es so weit. Ich kehrte den mühsamen Pfaden zum Heil ebenerdig gepflegter Berufskonversation kurzerhand und ohne weitere Erklärungen den Rücken und stieg eine halsbrecherische Treppe in jene lockende, unbestimmt gefahrvolle Welt hinab. Im ersten der aus Feld- und Backsteinen gemauerten Kellerräume wütete eine Art Geburtstagsfeier sehr junger Menschen. Ein paar blinde Fensterumrahmungen aus hellem Kalkstein und ein gotischer Kamin zeigten an, dass ich in Wirklichkeit in das hochmittelalterliche Erdgeschoss des Hauses vorgedrungen war. Im zweiten war eine Bar. Im dritten waberte, noch leer und nur sporadisch von irrend-probeweise aktivierten Diskolichtern durchstreift, gelegentlicher Tanznebel. Eine Band war vorerst noch mit dem Aufbau ihrer Gerätschaften beschäftigt.

Meine Erinnerung an die nun folgenden frühen Morgenstunden in jenem litauischen Souterrain hat etwas seltsam Unterirdisches oder sogar Unterseeisches. Auch in den auf meine Schulzeit folgenden Jahren hat mich die akustische, visuelle, erotische und alkoholische Reizüberflutung, der man sich in jenen Lokalen aussetzt, auf eine geradezu schmerzhafte Weise überfordert. Der berühmte polnische Ethnologe Bronislaw Malinowski erprobte seine Forschungsmethode der »teilnehmenden Beobachtung«, wie ich mich an der Bar des »Cozy« nun undeutlich erinnerte, in der Südsee, unter den heidnischen Trobriandern, deren Leben er 1915 und 1917 als eine Art korrespondierendes Außen-Mitglied jahrelang teilte: Als teils geduldeter, teils bewunderter, als sehnsüchtig und hoffnungslos begehrender, ausgebeuteter und in jeder Hinsicht problematischer und gefährdeter *maverick*, aus einer Art künstlich induzierter Einwanderer- oder Exilantenperspektive. Es dauerte ein halbes Jahrhundert, bis 1967 posthum ein Tagebuch publiziert wurde, das Malinowski während jener wohl berühmtesten Feldarbeit in der Geschichte der Disziplin geführt hatte und das man nach seinem Tod unter seinen Papieren fand. In diesen Blättern, die Clifford Geertz als »the backstage masterpiece of anthropology« bezeichnet hat, findet sich ein genauer Laborbericht von Malinowskis Erfahrung der Fremde. Es handelt sich um eine genau beobachtete und beschriebene Auflösung der Seele – und gleichzeitig um die Anstrengung, sich durch Skizze oder Niederschrift eines wissenschaftlichen oder künstlerischen Werks wieder zusammenzusetzen. »Ich ging in den Busch«, schreibt Malinowski da zum Beispiel im Jahr 1914. »Einen Moment lang hatte ich Angst. Musste mich wieder fassen (had to compose myself). Versuchte in mein eigenes Herz zu sehen. ›Woraus besteht mein inneres Leben?‹ [...] Kam zurück; begann Conrad zu lesen. Unterhielt mich mit den Eingeborenen Tiabubu und Sixpence – momentlange Inspiration. Dann überwältigte mich wieder eine entsetzliche Melancholie, grau wie der Himmel, der meinen inneren Horizont umgibt. Ich riss mich vom Buch los und konnte kaum glauben, dass ich mich hier unter jungsteinzeitlichen Wilden befand, während in Europa die schrecklichsten Dinge vor sich gehen ...«[5]

Die litauische Mitternacht, die Stunde der Werwölfe, war schon vorüber. Die innere Südsee, auf die ich mich im Souterrain des »Cozy« eingelassen hatte, war nun freilich nicht mehr die freundliche Phantasie des resigniert-einsamen Alters, die Vorstellung jener Jogging-Abendröten um die Tennisplätze unterhalb des Burgbergs. Es ging um etwas Radikaleres. Es war die Disko. Es war die Angst, die Stunde der Auflösung, das Tanzstundengefühl. Ich war die Beute geradezu körperlich konkreter Erinnerungen an meine späte Pubertät. Das Mädchen, dem ich vorschlagen würde, mit mir den Abschlussball zu machen, könnte einen Lachanfall bekommen. Oder zu schreien beginnen. Es war die graue, horizontweite Melancholie, die Malinowski aus der Südsee überliefert hat. Und zugleich trieb mich eine Aufregung um, von der ich sofort spürte, dass sie nicht aus dem Tagleben des Fünfzigjährigen stammen konnte, sondern dass sie aus

5 Bronislaw Malinowski: Ein Tagebuch im strikten Sinne des Wortes. Neuguinea 1914–1918. Eschborn: Klotz, 2003 (Neuauflage)

der Nachtseite meiner Erfahrungen, aus dem »inneren Leben« des Sechzehnjährigen aufstieg, der ich einmal gewesen bin. »Einen Moment lang hatte ich Angst. Musste mich wieder fassen (had to compose myself). Versuchte in mein eigenes Herz zu sehen. ›Woraus besteht mein inneres Leben?‹« Die tief eingesenkte Freundlichkeit und Demonstrativzivilisation der Litauerinnen und Litauer bewährte sich allerdings, wie ich zunehmend erleichtert feststellte, auch unter den verschärften Bedingungen der Disko, wo die doppelte Kontingenz der Frage, was Ego eigentlich von Alter wollen mag, überall auf der Welt sonst ein Klima aggressiver Unbeteiligtheit und einer eigentümlich überhitzten Eisigkeit hervorbringt. Ich gehörte sowieso nicht mehr dazu. Und auch im richtigen Alter, das wusste ich plötzlich, wäre es mir hier nicht so schlimm ergangen wie mit Sechzehn. Ich war ja selbst längst ein anderer.

Es ging im »Cozy« in Vilnius dann allmählich auf drei Uhr morgens. »Promised land. And me still standing. It's a test of time, a real good sign.« Diese Zeile aus James Taylors Album »October Road« ging mir auf dem Höhepunkt meiner ethnographischen Probeverzauberung zu seltsamen Techno-Rhythmen im Kopf herum. Ich musste mich entscheiden. Auf dem Rückweg vom Klo kam ich an der Garderobe vorbei, bemühte mich bei der dort ausharrenden Vertrauensperson um meine Umhängetasche und ging ins Hotel. Aus in die Dachschräge eingebauten Kippfenstern war am Morgen ein besonnter Hof mit Baumkronen zu sehen, und barock bewegte steinerne Heiligenfiguren auf dem Gesims einer hier irgendwie rückwärtig sichtbaren Kirchenfassade. »In guter Form ins Bett, leidlich«, verzeichnet dann das Tagebuch. »Kein Kopfweh, aber nur 2–3 Stunden geschlafen. Beim Frühstück mit der ›New York Review of Books‹ langsam aufgewacht, bald in die sonnige, windig-wolkenüberflogene, immer noch tief heidnisch aussehende Stadt hinaus. Vom Schlafmangel und der Erinnerung an die gestrige Reizüberflutung ausgelöst, Gefühle, dass mir mächtige innere Instanzen beistehen bei meinen Bemühungen, mein Selbstbewusstsein wiederzufinden. Von diesen visionsartigen Emotionen in der klassizistischen Kathedrale überwältigt (nach archäologischem Museum). So sehr, dass mir momentweise die Tränen kommen. Salat in einem Restaurant an der Kathedrale, der lustige Artikel über den Troja-Film in der ›New York Review‹. Muriel Sparks ›The Bachelors‹, langweilt mich eher.«

Ich hatte mich auf dieser Städtereise als unbeteiligter Ethnologe verhalten wollen. Aber unter der Hand, das kann ich meinen Tagebuchnotizen ablesen, war eine schamanistische Geistreise daraus geworden. Während das Heidentumsphantasma des Mittelalters märchenhaft geprägt ist (und das des 18. Jahrhunderts erotisch), scheint das moderne vor allem mit Vorstellungen darüber beschäftigt, dass man auf schamanistischen Ausflügen eine verlorene innere Instanz, seine »Seele«, die irgendwie auf Abwege geraten sei, wiederfinden müsse. »Das Zurückrufen der Seele bildet bei bestimmten Völkern eine Stufe der schamanistischen Heilung. Nur wenn die Seele des Kranken nicht in den Körper zurückkehren will oder kann, geht der Schamane auf die Suche nach ihr und steigt schließ-

lich in das Totenreich hinab, um sie zurückzubringen. Die
Buriäten zum Beispiel kennen sowohl Seelenanrufung als
Seelensuche durch den Schmanen.«[6]

Man hat fast den Eindruck, dass die Moderne intensiver
mit der schamanistischen Seelensuche beschäftigt ist als
die Buriäten. Es könnte sein, dass nicht nur Eliade mit
seinem berühmten Schamanen-Buch, sondern auch Carlo
Ginzburg in seinem wundervollen *ethnographic fiction*-
Thriller über die eurasischen Geistreisen eher moderne
Seelenverwirrungen, »Entfremdungen« und Sinnsuch-
expeditionen in die vormodernen Religionen projiziert, als
dass er die entsprechenden Gebräuche objektiv schildert.
Ethnographie wäre dann die Geistreise, für deren Erfor-
schung sie sich hält. Die Schilderung der schamanistischen
Seelenauflösung wäre das Bild der eigenen Seelenauflösung in der Fremde. Die inneren Wirrnisse jedenfalls, von
denen eingangs die Rede war, haben sich bald nach meiner Rückkehr dann auch irgendwie erledigt. Und wenn
ich mir heute, Jahre später, zu Hause am Schreibtisch, die
dann folgenden weiteren Reisebegebenheiten und Abenteuer in Erinnerung rufe, will mir scheinen, als seien die
Straßen und Tennisplätze von Vilnius, das »Cozy« und all
die Einsichten, Geistreisen, Selbstauflösungen und Erlebnisse dort, schon immer Teil einer inneren Landschaft
gewesen, die »Vilnius« zu nennen ich erst seit jener Reise
im Sommer 2004 mir angewöhnt habe.

---

6 Mircea Eliade: Schamanismus und archaische Ekstasetechnik.
 Frankfurt a. M.: Suhrkamp, [13]2001

Stephan Wackwitz
Neue Menschen
Bildungsroman
276 Seiten. Gebunden

Ein glänzend geschriebener und höchst persönlicher
Romanessay über die Verhexung einer ganzen Generation
durch die Glücksversprechen des Marxismus. Und über
die langsame Heimkehr ins Leben – durch die Liebe.

»Roman, Essay, Autobiographie und Bildung verbinden,
durchkreuzen und betrügen sich hier in jeder erdenklichen Weise [...] Thematisch reizvoll und stilistisch ele-
gant bahnt sich die Erzählung ihren Weg. Sie gewinnt
Schwung an intellektuellen Schwerkraftzentren, gerät in
weiter entfernte Umlaufbahnen und kehrt doch immer
wieder zurück.«
Oliver Jungen, Frankfurter Allgemeine Zeitung

S. Fischer